# 진정성의 여정

THE JOURNEY TO AUTHENTICITY

*Self On*

저자 소개 **이창준**

경영학 박사이며 리더십개발 전문회사인 GURU people's (주)아그막의 대표이사다. 이화여자대학교 경영대학원 겸임교수, 아주대학 경영학과 겸임교수를 역임했고, 현재는 사단법인 한국조직경영개발학회 수석부회장, 진성리더십아카데미 원장 등으로 활동하고 있다. 지난 20 여 년간 수많은 기업의 리더들을 대상으로 리더십훈련을 하면서 최고의 리더십개발 전문가로 평가받고 있다. 특히 '진정성'의 복원이라는 시대적 사명에 천착하여 다양한 사람들과 소통하며 실천적 방법론을 개발, 보급하는 일에 헌신하고 있다. 지은 책으로는 〈리더십패스파인더〉, 〈진짜 공부는 서른에 시작한다.〉, 〈물처럼 여유롭고, 햇살처럼 풍요롭게〉, 〈재미있는 사람읽기〉 등이 있다.

진정성의 여정

**초판 1쇄 인쇄** 2020년 4월 29일
**초판 2쇄 발행** 2022년 3월  7일

**지은이** 이창준
**펴낸이** 최익성
**편집** 송준기
**마케팅** 임동건, 임주성
**마케팅 지원** 홍국주, 황예지, 신원기, 박주현
**경영지원** 이순미, 신현아, 임정혁
**펴낸곳** 플랜비디자인
**디자인** ALL designgroup

**출판등록** 제2016-000001호
**주소** 경기도 화성시 동탄첨단산업1로 27 동탄IX타워
**전화** 031-8050-0508 **팩스** 02-2179-8994
**이메일** planbdesigncompany@gmail.com

이 도서의 국립중앙도서관 출판예정도서목록(CIP)은 서지정보유통지원시스템 홈페이지
(http://seoji.nl.go.kr)와 국가자료종합목록 구축시스템(http://kolis-net.nl.go.kr)에서 이용하실 수 있습니다.
(CIP제어번호 : CIP2020016201)

# 진정성의 여정

THE JOURNEY TO AUTHENTICITY

**이창준** 지음

Self On

진정성으로 가는 7개의 관문

성숙   죽음   고난   서사   목적   헌신   일상

PlanB DESIGN 플랜비디자인

# 우리들의 진짜인생은 어디로 간 것일까?

나는 직업적으로 오랫동안 많은 사람을 대상으로 리더십 훈련을 해 왔다. 내가 만난 사람들은 대부분 기업에서 일하는 CEO, 임원, 중간관 리자들이었지만 그 외에도 학생, 일반인들도 포함되어 있었다. 언제부 턴가 하는 일, 배경, 신분에 관계없이 그들의 고민이 하나로 수렴되고 있다는 것을 알게 되었다. 그것이 내가 이 책을 쓰는 동기가 되었다.

그들의 이야기는 대체로 침통하고 슬펐으며 또 분하고 절망스러웠 다. 그들은 자신의 꿈이 아니라 타인의 꿈을 여념이 없었고 그 때문에 하고 싶은 일보다 해야 하는 일의 중압감을 견뎌야 했다. 일과 가정의 양립 불가에서 좌절감을 토로했으며 인생이 배움과 성장의 경험을 주 기보다 상시적인 스트레스와 불안을 주고 있음을 고백했다. 피상적이 고 경쟁적인 관계로 인해 불화가 상존하고, 옳지 않은 일을 해야 한다 는 데서 도덕적 갈등마저 경험하고 있었다. 언젠가 도태될지 모른다는 불안감은 그나마 가지고 있었던 삶의 용기와 신념마저 갉아 먹었다. 기 어이 주어진 현실 앞에서 적당히 자신을 위로하고 체념하거나 그것도 아니면 근거 없는 한탄만을 되풀이했다.

"별수 없지 않나요?"

진짜 인생이 사라졌다! 거짓과 그로 인한 소외가 우리 인생을 덮쳐 버렸다. 이상하지 않은가? 분명 우리는 이전보다 더 많은 것을 성취하고 더 많은 것을 가졌는데도 왜 더 불안하고 불행하다는 느낌을 지울 수 없을까? 극심한 경쟁, 시종 불안을 조장하는 세태 때문일까? 보편적 기준으로서의 정의와 도덕이 희미해지고, 우리를 구원해 줄 리더에 대한 희망이 사라졌기 때문일까? 어떻게 해야 할까?

유감스럽게도 요즘 해법이라고 하는 '코칭', '힐링'이라는 것들은 대체로 각종 메스로 지난 상처를 들추고, 이해와 공감, 화해와 용서의 처방을 강요한다. 우리가 어떤 시대를 어떻게 살아가고 있는지, 그 좌표를 묻지 않고 그저 범사에 감사하라는 주문은 어딘가 안일하고 해이하다. 삶의 의미를 주는 목적, 공동체를 구원할 수 있는 담대한 비전이 사라졌는데 마취제 몇 알을 투여하고 다시 전쟁터로 돌아가라고 말하는 '힐링'은 그야말로 기만이다. 출구가 보이지 않는 상황에서 고르디우스의 매듭을 푸는 것과 같은 획기적 방안이 있다 한들 쉬이 낙관할 수는 없다. 왜냐하면 우리들의 의식은 이미 자본에 훈육되었기 때문이다. 자본이 유혹하는 오락과 유흥, 여행과 재미가 삶의 기술이 되었고, 소비와 소유가 존재의 의미를 대체해 버렸다. 가졌지만 여전히 불안하고, 갖지 못했지만 언젠가 가질 것이라는 허망한 바람이 우리의 의식을 무디게 만들었다. '어떻게 살아야 할까?' 라는 삶의 질문은 '어떻게 살아남을 것인가?'라는 생존의 문제로 바뀌었다. 우리는 지금 정신적으로는 길을 잃었고, 심리적으로는 우울해졌으며, 신체적으로는 병약해졌다.

　나는 리더십 세미나 중에 사람들에게 묻는다.

　"이 일을 왜 하시나요?"

　사람들은 이런 물음을 생뚱맞게 생각하며 웃어넘긴다. 어떤 사람들은 왜 그런 질문을 하냐는 듯 도리어 질문하는 나를 무색하게 만든다. 전략적 사고와 도구적 효용성을 가치 있게 여기는 세태는 이런 질문을 유용한 것으로 생각하지 않는다. 하지만 조금만 더 들여다보면 이런 반응에는 확고한 자아 감각, 즉 삶을 운용할 수 있는 신념이 사라졌기 때문이다. 누구도 이를 물은 바 없고, 이에 대해 진지하게 생각해 본 바가 없기 때문이다.

　우리는 즐기기 위해 혹은 두려움과 공포에서 벗어나기 위해 인생을 사는 게 아니다. 존재의 목적이 되어줄 이상을 발견하고, 그것을 쫓는 과정에서 삶의 의미를 발견하기 위한 것이 아니던가. 그러려면 권력과 자본이 획책하는 거짓 인생의 압력으로부터 자신을 독립시켜야 한다. 자아의 이상을 위한 도전과 모험을 감행할 수 있어야 한다. 나는 이것이 진짜 인생을 향한 '진정성의 여정'이라고 믿는다.

　이 책은 막연한 불안감 때문에 길을 잃었거나 혹은 길을 잃었다는 사실조차 깨닫지 못하고 있는 사람들, 또는 리더의 역할을 하는 사람들에게 새삼 진정성 있는 삶이 무엇인지를 함께 생각해 보기 위한 것이다. 미리 밝히지만, 진정성의 문제는 개인의 미덕만은 아니다. 그것은 사회적이고 구조적인 문제임이 틀림없다. 하지만 그렇다고 사회를 혁파의 대상이라고 생각하는 것은 위험하다. 왜냐하면 오늘날의 불행은 사회적 부조리를 탓하면서 정작 자신의 거짓을 멈추지 못하는 우리들의 이중성에 그 진짜 원인이 있기 때문이다. 그러므로 밖을 보기 전에 안을 바라보아야 한다. 셰익스피어는 이렇게 말했다. '무엇보다 너 자신에게 진실되거라. 그러면 밤이 낮을 따르듯 남에게 거짓될 수 없는 법'

이 책은 2부로 구성했다. 1부에서는 우리의 의식이 진정성을 잃고 불안에 사로잡힌 이유를, 2부에서는 진정성 있는 삶, 진정성 있는 리더십을 발현하기 위해 생각하지 않으면 안되는 일곱 가지 의식의 관문들을 다루었다. 각각의 관문은 서로 독립되어 있기보다 진정성이라는 주제로 긴밀히 연결되어 있다. 그리고 각 주제의 말미에는 '리더를 위한 진정성 훈련'을 통해 삶에 실천해 볼 수 있는 질문을 달았다. 질문을 통해 생각을 보태고, 또 다른 사람들과 함께 토론한다면 감히 타인의 눈으로 평가되는 위태로운 '성공'이 아니라, 스스로 책임을 다함으로써 삶의 이상과 합치되는 진정성 있는 삶을 체험할 수 있으리라 기대한다.

최근 전 세계적으로 새롭게 주목받고 있는 '진성리더십(authentic leadership)'의 이론들은 이 생각의 토대가 되었다. 진성리더십은 이론이나 개념이 아니라 실존적 수준에서의 리더십을 요구한다. 그것은 계속해서 '나는 누구인가?'라는 질문을 던진다. 그리고 이 질문이야말로 불확실성을 돌파하는 근원적인 힘을 제공한다. 이 질문을 회피하지 않는다면 우리는 현실의 모든 벽이 실은 하나의 악몽이며, 그 악몽의 원인이 우리들의 빈약한 의식에서 비롯된 것임을 깨달을 수 있다고 믿는다. 독자의 건투를 빈다.

저자 이창준

# contents

진정성의 여정 · Self On

# 제1부

거짓이 되어가는 삶

# 삶은 어떻게 거짓이 되어 가는가?

## 장클로드 로망

    1993년 1월, 세계보건기구의 연구원이었던 장클로드 로망(Jean-Claude Romand)은 자신의 아내 플로랑스와 어린 두 아이 그리고 자신의 친부모를 살해했다. 그는 가족을 살해하고 나서 집에 불을 지르고 스스로 목숨을 끊고자 했으나 미수에 그치고 말았다. 하지만 알려진 것과 달리 그는 세계보건기구에 근무한 적이 없었고, 의사도 아니었으며 의과대학을 졸업하지도 않았다. 그가 아내, 부모, 친구들에게 했던 모든 이야기는 완벽한 거짓말이었다. 자그마치 18년간 그는 주변의 모든 사람을 속이며 가짜 인생을 살아왔다. 정신과 의사들은 면담 과정에서 울음을 터트리고 과장된 고통을 표시하는 그의 모습을 보았지만, 그것이 진실한 감정인지 아닌지에 대해서는 확신하지 못했다.

그는 어린 시절 고독하고 겁 많은 학생이었다. 아버지의 뜻에 따라 리옹의 농업전문학교 준비반에 들어갔지만, 신입생 환영회에서 따돌림을 받고 돌아와 집에 틀어박혀 살았다. 그러다가 신분 상승에 대한 욕망과 자기를 따돌리는 사람들에 대한 복수심으로 의대에 들어갔다. 정신과 의사는 그가 의대 공부를 좋아한 것은 아니었지만, 의사가 되겠다는 욕망이 그 일을 버티게 했다고 했다. 그리고 2학년 가을학기 시험이 있던 날, 그는 늦잠을 자느라 시험을 보지 못하고 말았다. 오후, 그의 부모가 시험을 어떻게 봤냐고 물어왔고 그는 잘 치렀노라고 거짓말을 했다. 그날 부모 이외에 그에게 전화한 사람은 아무도 없었다. 시험을 보고 나서 결과가 발표되기 전까지 3주간의 시간이 있었지만, 그는 자신이 거짓말을 했다는 사실을 고백하지 않았다. 어리석은 짓을 저질렀다는 것을 인정하는 일은 생각보다 비싼 대가를 치른다는 생각에 끝내이 사실을 숨기고 말았다.

"도대체 왜 그랬나요?" 재판장이 물었다.

"저도 20년 동안 매일같이 그 질문을 했지만, 아직 모르겠습니다." 그가 말했다.

그는 자신의 상황을 모면하기 위해 절친한 친구에게 림프암에 걸렸다고 거짓말을 하고, 주변 사람들의 동정을 받으며 다시 학교로 복귀했다. 그의 여자친구, 나중에 아내가 된 플로랑스와 그의 친구들은 그를 측은하게 대해주었다. 장클로드는 3학년 진급시험을 보던 당시, 건강상의 이유로 시험에 응시하지 못한다는 편지를 보냈고, 학교는 대신 재응시 기회를 허용하지 않는다고 통보했다. 하지만 2학년으로 재등록하는 것을 금한다는 조항은 없었기 때문에 그는 1985년까지 줄곧 2학년 생으로 등록되어 있었다. 매년 그는 새 학생증을 받았고 매년 9월 시험에 응할 수 없다는 같은 편지를 받았으며, 계속해서 2학년생을 유지했다. 1986년 11월이 되어서야 학교는 이 유령학생을 소환했지만, 그는 나타나지 않았다.

## 거짓이 되어가는 삶

장클로드와 플로랑스는 결혼했다. 이듬해 장클로드는 리옹의 국립보건 의학연구소 연구원직을 맡았고, 이후 제네바 세계보건기구 소속의 연구소에 주임 자격으로 파견되었다. 물론 이것은 거짓말이었다. 이들 부부는 리옹을 떠나 페르네볼테르라는 도시로 이사했고 1985년에는 딸 카롤린, 1987년에는 아들 앙투안을 낳았다. 장클로드는 매년 이들의 생일에 세계보건기구 연구소와 리옹의 국립보건 연구소의 소장이 주었다는 멋진 선물들을 가져왔다.

그는 직장동료들을 집으로 초대하는 일이 없었고, 친척이나 친구들이 직업상의 질문을 하거나 회사 이야기를 꺼내면 적당히 둘러대거나 집에서까지 이런 이야기하는 것을 용인할 수 없다며 발끈하고 화제를 돌렸다. 게다가 아무도 그의 사무실 전화번호를 알지 못했다. 아내조차 우체국의 교환원을 통해서 통화했다. 아내가 음성메시지를 남기면 그의 삐삐에 전달되고 그는 곧바로 전화를 걸어 아내와 통화했다. 그는 매일 세계보건기구에 나갔다. 거기에서 회사의 로고가 있는 물건이면 무엇이든 사들였으며, 주변의 카페를 전전하면서 시간을 보냈다. 그는 종종 국제학술대회에 참가한다는 이유로 출장을 떠났고 공항 근처의 호텔 방에 머물며 시간을 보내다가 집으로 돌아왔다.

생활비는 공부를 마치기 전까지 부모가 사 준 아파트, 자동차, 돈으로 충당했다. 하지만 이후에도 그는 여전히 부모의 은행 계좌에서 돈을 빼내었고 계좌 위임장을 갖고 다녔다. 돈도 잘 버는 아들이 통장에서 돈을 빼내가는 것을 부모는 이상하게 여기지 않았다. 세계보건기구에 들어간 뒤에는 국제공무원이기 때문에 연 18%의 수익성 높은 투자를 할 수 있으니 자신에게 돈을 맡기라고 부모를 설득해 그 돈을 자신의 계좌로 이체했다. 이후 그는 자동차 정비소를 운영하는 삼촌에게 돈을 불려주겠다며 다시 거금을 얻어갔다.

앙투안이 태어나던 해, 그의 장인이 직장에서 은퇴했다. 장인은 정리해고되면서 40만 프랑을 받았다. 플로랑스는 아버지를 설득해 남편에게 돈을 투자하라고 했고, 장클로드는 장인의 돈을 자기명의의 계좌로 옮겼다. 장인이 언젠가 투자한 돈의 일부를 회수해 달라고 하는 바람에 위험을 만났지만, 얼마 뒤 장인이 불의의 사고로 사망하면서 돈을 갚을 필요가 없어졌다. 게다가 처가의 집을 되팔아 그 이익금을 다시 챙겼다. 실제로 그는 자기 신분에 맞는 생활 스타일을 유지했다. 큰 집은 물론 BMW를 몰고 다녔으며 아이들을 위한 개인 교사를 두었다.

장클로드는 이후 코린이라는 정부를 만나면서 그녀의 돈을 맡았다가 이를 수상하게 여긴 코린이 돈을 돌려 달라고 하면서부터 사기행각이 드러나기 시작했다. 또 하나 결정적인 사건이 있었다. 그의 아내가 학부모협회 부회장으로 일하면서 덩달아 그는 이 모임에 자주 나갔다. 그는 학교 일에 관여하면서 점차 주변 사람들로부터 주목받기 시작했다. 학교 운영위원장은 장클로드를 만나기 위해 세계보건기구에서 있는 직원 전화번호 목록을 뒤졌지만, 그의 이름을 발견하지 못했다. 그제야 그는 자기 신분이 탄로 날지 모른다는 위협을 느꼈다. 계좌에 있는 돈은 곧 적자로 드러날 것이고, 더 이상의 자금 조달의 희망이 없었으며, 수많은 눈길이 자신을 추적하고 있다는 사실에 공포를 느꼈다.

1993년 1월 9일, 그는 권총과 소음기를 샀다. 그날 밤 아내를 침대에 밀치고 살해했다. 다음 날 아침까지 그는 아내의 시신을 침대 위에 그대로 방치했다. 그리고 아이들을 깨웠고 아침을 먹었으며 함께 만화 영화를 보았다. 그리고 아이들을 재운 후 다시 이들을 살해했다. 다음 날 로망은 부모의 집에 찾아가 함께 식사했으며, 식사 후에 차례로 자신의 부모를 살해했다. 그리곤 다시 집으로 돌아와 밤새 이것저것 TV를 보았으며 슈퍼마켓에서 사 온 휘발유를 집에 뿌리고 새벽 3시경, 불을 붙였다. 불이 번지자 새벽 청소를 하던 청소원들이 문을 두들겼다. 그는 그제야 스무 여알의 수면제를 입안에 털어 넣었다. 그가 진정으로 자살을 원한 것이었는지는 의문스러웠다. 왜냐하면 자살을 원한다면 미리 사둔 바비투르산을 복용했어야 했다. 그리고 불을 붙인 시간과 약을 먹은 시간 등으로 미루어 볼 때, 그는 충분히 구조가 가능한 시간을 택했던 듯했다. 새벽 4시경 그는 불길 속에서 소방관에 의해 구조되었다.

# 우리 안의 적(適)

의식불명의 상태에서 빠져나와 그는 모든 사실을 부인했다. 검은 옷을 입은 남자가 자기 집에 침입하여 아이들을 죽이고 불을 질렀으며, 자신은 꼼짝도 못 하고 무기력하게 눈앞에서 벌어지는 일을 악몽처럼 지켜봤다고 말했다. 장클로드는 22년을 구형 받았다. 그리고 옥중생활을 하는 중에 종교에 귀의함으로써 자신의 삶을 회개했다. 하지만 그의 이야기를 책으로 써낸 작가 임마뉘엘 카레르는 마지막에 이렇게 적고 있다.[2]

"그가 다른 사람들에게 연극을 하고 있지 않다는 것은 확신한다. 하지만 그 안에 있는 거짓말쟁이가 그에게 연극을 하고 있는 건 아닌지...그를 속이고 있는 〈적(適)〉은 아닌지?(의심스럽다)"

작가 카레르는 〈적〉을 우리 안에 도사리고 있는 거짓말장이를 상징하는 말로 사용했다. 남부럽지 않은 멋진 삶, 주목받고 싶은 삶에 대한 뿌리 깊은 욕망은 그를 가짜 인생의 수렁으로 몰아넣었다. 그럴듯한 신분, 지위, 명예로 인해 그는 한번 시작한 거짓말을 멈출 수 없었다. 탄로 난다면 감당해야 할 사회적 시선, 비난 그리고 모멸감을 견딜 수 없었다. 최초의 거짓말이 제어할 수 없는 거짓말을 만들고 그로 인해 삶은 거짓이 되어갔지만, 그는 끝내 진실과 화해할 용기가 없었다.

다만 정도의 차이가 있을 뿐, 냉정히 생각하면 우리는 장클로드처럼 적당한 가면을 쓰고 산다. 아무리 행복을 보장하는 삶이라 한들 거짓으로 은폐되어 있고 그래서 위선을 인정할 수 없다면, 〈적〉은 항상 우리 안에 있다. '이건 아닌데……'라는 생각이 불쑥불쑥 가슴 한쪽을 쳐들어오고, 어느 순간 자신이 아닌 모든 것을 폭로하고 싶은 충동에 사로잡히지만 거짓 연기를 멈추지 못한다. 일찍이 사회학자 어빙 고프만(Erving Goffman)은 삶은 특정한 무대배경 속에서 자신의 배역을 끊임없이 연기하는 것이라고 말했다.[3] 하지만 그렇더라도 그 연기를 무대에 올릴지 말지를 결정하는 것은 우리 자신이다.

진실한 삶은 가능한가? 이 물음에 답하기 전에 기억할 것이 있다. 거짓은 우리의 결함이지만 동시에 그것은 또한 엄연히 우리의 일부라는 사실이다. 비록 거짓으로 얼룩져 있을망정 거짓의 흔적마저 제 것으로 포용하고 있을 때 비로소 진실한 것이다. 그러므로 정작 무서운 것은 우리가 거짓말쟁이라는 사실이 아니라, 이를 숨김으로써 자기 존엄을 무너뜨리고, 교감과 소통의 가능성, 그리고 삶의 희망을 뭉갠다는 사실이다. 위선에 대해 가혹하리만치 절망할 수 있다면 비록 진흙탕일망정 우리는 얼마든지 다시 진실한 인생을 만들어 갈 수 있다.

한 직장인은 내게 이렇게 말했다.

"저도 꿈이 있었습니다. 어쩌다 지금의 직장에서 이렇게 시간을 보내다 보니 그만 그 꿈을 까맣게 잊고 말았습니다. 하지만 어쩌겠어요."

몇 번을 되물었지만, 그는 변화가 필요하다고 말하면서도 어떤 것도 할 수 없다는 체념 섞인 말만을 되풀이했다. 문제를 알면서도 인생에 주체적 책임을 지는 일을 거부했다. 빈번한 실패가 준 패배감 때문이었을지도 모르고, 당장의 생존이 그 자각증세를 없애버렸기 때문일지도 모른다. 하지만 어쩔 수 없는 현실로 인해 내면의 진실에 등 돌린다면 삶은 거짓이 된다.

　오늘날 불행은 바로 여기에 있다. 유일성의 자신을 긍정하지 못하고, 단 한번 뿐인 인생을 자기다움으로 살지 못한다는 것이다.  우리는 온전하고 순수한 자신의 모습으로 살고 싶은 욕망이 있다. 나는 이 자아의 이상을 '진정성의 여정'이라고 부른다. 이를 포기하지 않아야 하는 이유는 끝끝내 진실한 인간으로 남고자 하는 최소한의 바람이 어떤 경우에도 우리 안에 결코 사라지지 않을 것이기 때문이다.

# 1

## 불안
### 거짓을 부추기다

우리 인생이 가짜가 되는 이유는
우리가 불안을 조장하는 사회적 압력에 노출되어 있고,
이를 압도할 만한 내적 신념이 우리에게 없기 때문이다.

## 불안, 슬픈 삶의 변주

"유학 가려고요."

좋은 대학을 나오고 대기업에 입사해 안정된 직장을 다니고 있었지만, 직장을 그만두고 유학을 하러 가겠다는 그의 말은 그때 의외였다. 공부가 좋았기 때문이 아니었다. 안전한 미래를 보장할 수 없다는 불안 감이 그의 삶을 점령하고 있었다. 결국 그는 가족을 두고 혼자 유학을 떠났고 다시 4년 만에 돌아왔다. 물론 이전보다 더 좋은 직장에서, 더 높은 연봉과 직책을 얻었지만, 내가 그를 다시 만났을 때 그는 여전히 비슷한 말만을 되풀이했다.

"아이들이 대학을 졸업할 때까지는 다녀야 하는데……. 요즈음 은퇴 이후도 걱정이에요."

원하는 성공에 도달할 수 없고, 경쟁에서 승리할 수 없다는 공포는 우리의 존엄을 훼손한다. 우리의 의식은 생존 이외에 다른 문제를 생각할 수 없을 만큼 쪼그라들었다. 불안에 포획된 것이다. 불안은 우리 시대에만 국한된 특별한 현상은 아니다. 하지만 어느 때보다도 삶 전반을 압도하고 있는 오늘의 불안은 다분히 시대적이고 구조적이다. 눈만 뜨면 시기와 열등감을 불러일으키는 대중매체에 노출되어 있고, 한눈을 팔거나 걸음을 멈춘다면 곧바로 나락으로 떨어질 것 같은 위험이 도사리고 있다. 더군다나 실패를 용인하지 않을뿐더러 실패한다면 재기할 수 있는 가능성이 없다는 생각은 이 불안을 가중한다.

세계적 석학이자 철학자인 찰스 테일러(Charles Taylor)는 인류문명이 유래없이 발전하고 있음에도 오늘날 사람들이 불안감에서 헤어 나오지 못하는 데에는 세 가지 이유가 있다고 지적한다.

첫째는 개인주의이다. 개인주의는 근대 이후 끊임없이 확장되어왔다. 그러나 '개인'의 발견은 어느새 사적 이기심으로 변질되었다. 개인주의는 자기 생존과 보호의 수단으로서 돈과 권력을 획득하는 일을 무한정으로 허용하고 말았다.

"그게 왜 제 책임입니까?"

"제가 그것까지 해야 하나요?"

'나'는 당당한 주어가 되었고 '나'보다 중요한 것은 없어졌다. 내 생각, 내 견해, 내 꿈은 누구도 침해할 수 없는 나만의 독점적 권리가 되었다. 타인은 내 안에 쳐들어올 수 없고, 나는 타인의 삶에 간섭할 필요가 없다. 사실 개인의 권리와 주체성은 민주주의 근간이고 건강한 민주시민의 가치관이며 소양이다. 하지만 오늘날 개인주의는 중요한 한 가지를 저버렸다. 공공의 세계에 대한 관심, 즉 사적 영역을 뛰어넘는 공적 가치를 우리의 마음 속에서 밀어냈다.

테일러는 이렇게 말한다.

개인주의는 자기(self)에 대한 관심을 집중시키며, 동시에 종교적, 정
치적, 역사적 맥락에서 자기를 넘어서는 보다 중요한 문제나 의미를
아예 지워버리거나 전혀 의식하지 못하게 한다. 결과적으로 인생의
의미는 축소되거나 덤덤해 지는 것이다.

축소되거나 덤덤해진 인생에는 개인주의에 편승한 통속적 교리들이
넘쳐난다. '네 뜻대로 해라', '하고 싶은 일을 해라', '내 생각이 중요해',
'자신에게 투자하라'……, 이런 말들은 우리가 살아가는 이 땅과 시대
의 문제를 거론하지 않는다. 삶의 목적, 의미, 사회적 책임, 의무를 묻는
도덕적 질문들을 외면한다. 사회적 문제를 '나'의 문제로까지 체감할
능력도, 그 여력도 없기 때문이다.

테일러는 우리가 불안감에서 벗어나지 못하는 두 번째 이유는 '도구
적 이성의 지배' 때문이라고 말한다. 도구적 이성이란 주어진 목적을
달성하기 위해 그 수단을 가장 경제적인 방식으로 활용하고자 하는 합
리성을 뜻한다. 합리성과 효율성을 극대화함으로써 최상의 효용을 얻
어야 한다는 사고방식은 그 자체가 비난의 대상이 될 수는 없다. 하지
만 도구적 이성에 대한 과도한 숭배는 모든 일을 효용의 잣대로 평가
한다. 비효율적이고 유용하지 않은 것들을 무시하고, 효율과 유용성을
상징하는 생산성, 성과, 이윤증대, 편의성, 신속함 등을 최고의 가치로

간주한다.

"그래서 어쩌자는 거죠?"

"결과가 뭐죠?"

"사랑, 우정, 정의 다 좋은 이야기입니다. 그런데 그래서 얻는 게 뭔가요?"

어떤 과정과 그 과정상의 수고는 묻지 않는다. 그러니 도박판에서나 쓰임직한 '대박!'이라는 말이 어느새 우리의 일상 언어가 되었다. 사람들과의 관계도 마찬가지다. 모든 관계는 금전적 가치로 환원되고, 갑을의 주종관계로 재설정된다. 깊이있고 정감어린 인격적 관계는 찾아보기 어렵다. 사람은 이른바 '소셜 캐피탈(social capital)'이 되었고, 관계를 맺는 일은 하나의 전략이고 전술이 되었다.

셋째, 테일러는 오늘날 불안의 원인을 '탈정치화'라고 말한다. 개인주의와 도구적 이성을 숭배하는 사회는 사회 공동의 문제를 뒷전으로 밀어놓는다. 도덕적 규범과 가치를 후퇴시킨다. 그 결과, 사람들은 누구도 적극적인 정치행위를 할 수 없다. 테일러는 이러한 현상이 지속되면서 개인들의 참여수단이 쇠퇴하고, 각 개인들은 거대한 관료주의적 국가 앞에 홀로 남게 된다고 지적한다. 개인들의 무력감과 허탈감을 이용해 이른바 '온건한 독재', 즉 민주적 형식을 가지고는 있으나 정치적 무관심을 이용한 조정, 통제가 출현한다는 것이다.

"제가 무슨 힘이 있나요?"

"그것은 윗분들이 해야 할 일이죠."

"제가 아니라 제도와 시스템이 문제입니다."

정치적 무관심은 사회적 유대와 연대를 강화하려는 노력을 떨어뜨린다. 개인들은 공적 과제를 다룰 수 있는 자결권을 상실하고 패배감을 경험한다. 주체적으로 자신의 문제를 해결할 수 있는 권리가 사라지면서 민주시민으로서의 품위를 잃는다.

개인주의가 공공의 가치를 저버리고, 도구적 이성이 삶의 의미를 축소하며, 탈정치화가 공동문제에 대한 무관심을 유도하면서 우리는 마침내 전쟁터에서 홀로 남게 되었다. 패잔병이 된 것 같다면 자기계발서를 탐독해야 하고, 코칭과 힐링의 심리치료를 받아야 한다. 그나마 누구는 경제적 여유가 있어 재활의 가능성도 있지만, 그럴 수 없다면 그냥 '루저'가 되어야 한다. 이 게임에 뛰어들든지 아니면 내빼든지 선택해야 한다. 그래서였을까. 우리는 지금 훈장처럼 만성적인 불안, 강박, 스트레스, 신경증을 안고 살아간다.

사회학자 리처드 세넷(Richard Sennett)은 전 지구적 자본주의가 만든 불안감이 안정된 자아 감각을 무너뜨렸다고 말한다. 사람들 간의 관계는 단편적이고 일시적이며, 협력은 피상적이고 형식적이다. 약한 유대감은 전통적 사회가 가지고 있었던 규범의 지배력을 약화시키고, 사람들에게 삶을 제어할 수 있는 능력을 앗아갔다. 사람들은 일시적이고 파편적인 성격구조를 갖게 되었다. 이런 성격구조를 가진 사람들은 그때그때 삶을 체험하지만 표류하는 배처럼 방향을 잃고 정처 없이 떠도는 삶을 산다. 소득의 불평등, 고용안정성의 붕괴, 온 오프(on-off)가 공존하는 이중의 삶, 그리고 수없이 쏟아지는 광고와 드라마의 홍수로 우리들의 자아는 분열되었다. 어디에서 왔으며, 어디에 있는지, 그리고 어디를 향해 가야 하는지를 설명할 수 없는 해독 불가의 삶. 그게 오늘 우리들의 자아상이다.


# 불안, 중독을 낳다


불안한 사람들은 불안을 피하기 위해 어딘가에 매달린다. 이중 하나는 중독이다. 중독이란 자신의 주체적인 판단과 사고가 아무런 영향을 끼치지 못한 채 무언가에 비판 없이 의존하게 되는 내적 강박을 일컫는다. 강박은 불안이 만든 변주다. 하지 않아야겠다는 결심이 결코 실현될 수 없는 상태, 삶의 주인으로도, 책임자로도 서지 못한 채 그 대상에 의존하는 상태다.

불안이 변주한 오늘날 흔한 중독의 하나는 '성취중독(Performance addiction)'이다. 성취중독에 걸린 사람들은 다른 것을 포기하고서라도 성취할 수만 있다면 나머지를 충분히 상쇄하고도 남을 것으로 생각한다. 성취란 지위와 권력의 확보이고, 이는 곧 사회적 인정과 부를 쟁취하는 것이다. 그들은 미래를 위해 현재를 희생한다. 과도한 경쟁심으로 자신을 착취한다. 자신이 이룩한 과거의 성취마저 다시 극복의 대상으로 삼는다.

두 번째는 쾌락중독(Happiness addiction)이다. 요즘 우리 사회 행복에 관한 논의는 알고 보면 쾌락중독에 가깝다. 특히 성취 경쟁에서 밀려난 사람들, 이 성취 경쟁에서 극도의 스트레스를 경험하는 사람들은 차선책으로 쾌락을 탐닉한다. 성취에 대한 염증과 피로감, 혹은 자포자기식으로, 혹은 무심함으로 쾌락 찾기에 전념한다. 누구는 전원생활을 꿈꾸고, 누구는 프리랜서를 선언하고, 누구는 내려놓고 안락을 찾는다. 직장인들 중에는 일이 끝나면 마치 스위치의 전원을 끄듯 망각적 도피행각으로 휴식을 찾아 나선다. 이른바 '워라벨', '소확행', '욜로'다.

한국 심리학회의 조사에 의하면 우리나라 직장인들은 오후 5시가 넘어야 비로소 약간의 행복감을 경험한다. 퇴근 후, 주말, 휴일을, 나아가 퇴직을 고대한다. 특별한 곳으로 여행, 특별한 음식, 특별한 체험, 특별한 이벤트, 특별한 취미, 특별한 소비, 향락, 자유를 찾아다닌다. 페이스북, 인스타그램과 같은 SNS에는 온통 여행지와 음식사진이 업로드되고, 그 순간 자신이 살아있는 존재임을 느낀다. 그래야 모든 감각을 살려낼 수 있고 행복의 절정에 이를 수 있다.

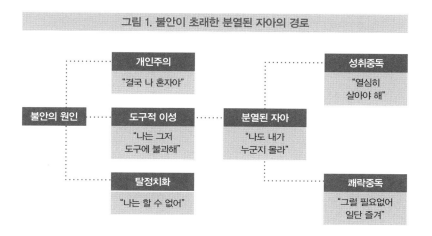

그림 1. 불안이 초래한 분열된 자아의 경로

알코올이나 도박 같은 것만이 심각한 중독은 아니다. 주체적 결단을 현실화하지 못한 채 그 어딘가에 매몰되어 있다면 이미 중독된 것이다. 물적 풍요는 있으나 스스로 제 삶을 구원할 수 없는 유약한 인간, 자신이 가진 소소한 즐거움과 존재의 안락에 만족하는 인간, 그래서 단지 약간의 따뜻함과 약간의 이웃들을 원하고, 적당한 양의 일을 하며 병에 걸리지 않고 기분 좋아질 만큼의 쾌락을 누리면 그만인 인간, 니체는 이를 '최후의 인간'이라고 했다. 삶이 허구가 된 것이다.

✛

불안을 조장하는 사회적 압력을 이길 수 없다면, 우리는 이유도 잘 모르는 성취와 쾌락에 중독된다. 스냅사진처럼 단편적인 사건들이 체험되지만 정작 자신이 누구인지, 어디로 가고 있는지 설명할 수 없다. 허구적인 삶을 살고 있음에도 그마저도 자각하지 못하는 실존적 미아가 된다. 불안에 포획되었다면 가만히 멈추어보자. 그리고 불안에 사로잡힌 자신을 들여다보자. 불안을 조장하는 내면의 공포와 사회적 힘들이 무엇인지 규명해 보자. 주체적이고 창조적인 삶을 가로막는 실체를 파헤쳐보자.

1. 자신이 지금 목표로 추진하고 있는 일들을 나열해 보자. 이것 중 불안의 산물이라고 생각되는 것들은 어떤 것들인가?

   _____

2. 일상의 삶을 돌아보며 우리를 불안에 빠뜨리고 있는 요인들을 찾아보자. 도태와 탈락, 타인의 평가, 기득권의 상실, 또는 어떤 위험이 우리를 불안으로 몰아가고 있는 것은 아닌가? 그것들이 나의 삶에 어떤 영향을 미치고 있는가?

   _____

3. 당신과 함께 일하고 있는 구성원들은 어떤 불안을 경험하고 있는가? 그것은 그들의 행동을 어떻게 왜곡하는가? 이들이 보다 주체적으로 자기 삶을 살게 하려면 어떤 도움을 주어야 한다고 생각하는가?

   _____

4. 주변에 "저는 할 수 없어요", "굳이 그걸 제가 해야 하나요?"라고 말하는 사람들을 본 적이 있는가? 왜 그런 말을 자주 한다고 생각하는가? 이들을 돕는다면 어떤 일들을 해야 한다고 생각하는가?

   _____

# 2

## 권력
### 나를 길들이다

제도, 시스템, 사회적 구조, 권위가 강제하는 명령과 규칙은
교묘히 우리의 자아를 길들이고 훈육한다.
우리는 생각하는 것이 아니라 생각당한다.

## 의지하는 것, 그게 바로 길들여지는 거야

1930년 생떽쥐베리의 자전적 소설로 알려진 〈야간비행〉은 기차와 경쟁하기 위해 야간비행을 시도하는 용감한 조종사들의 이야기를 그리고 있다. 조종사들은 매우 원시적인 장비로 남아메리카 안데스 산맥을 넘어 우편물을 배달한다. 어느 날 파타고니아에서 출발한 조종사 파비앙은 폭풍우 속에서 사투를 벌이다가 결국 행방불명되고 만다. 시시각각 그의 실종이 확실해져 가면서 기다리고 있던 사람들은 점차 불안, 두려움, 슬픔에 휩싸인다. 파비앙의 젊은 아내는 불안한 나머지 총책임자인 뤼비에르를 찾아와 남편에 관한 소식을 묻지만, 뤼비에르는 입을 굳게 다문다. 그리고는 그는 파비앙의 죽음에도 불구하고 그의 부하 로비노에게 결연히 또 다른 유럽행 우편기의 이륙을 결정한다.

"지금 2시오. 아순숀 우편기가 2시 10분에 착륙할 겁니다. 유럽행 우편기를 2시 15분에 이륙시키도록 하시오."[12]

책임자 뤼비에르에게 우편기의 이륙은 한 개인의 죽음에 대한 연민과 맞바꿀 수 없다. 의무와 책임을 이행하는 것은 자신에게 부여된 신성한 사명이다. 이 아름답고 숭고한 이야기 뒤에는 그러나 조금 더 생각해 보면 섬뜩한 이면이 있다. 그것은 바로 관료제가 만든 제도와 규칙이 그에 봉사하는 사람들에게 의무를 짐 지우고, 그런 개인을 얼마든지 비장하게, 혹은 비정하게 만들 수 있음을 보여준다.

지금 우리의 의식은 조직이 부여한 책임과 의무로부터 얼마나 자유로울 수 있을까? 제도화된 권력을 부정하고 의심하는 일은 얼마나 가능한 일일까? 만일 다수가 동의하는 오래된 관습이라면 여기에 의문을 제기하는 일은 대체 가능한 것일까? 암묵적인 관행과 규칙이 제도와 질서를 만들고, 그 제도와 질서가 다시 우리를 제약하는 규범적 명령이 되어있을 때 우리는 이렇게 말한다.

"남의 돈 벌기가 쉬우냐?"

"시키면 시키는 대로 해."

"그럼 네가 사장하던지."

"규정이야! 어쩔 수 없잖아"

제도와 규칙은 우리를 순한 양으로 길들인다. 더 무서운 것은 그것이 마치 숙주처럼 우리의 뇌 속에 파고들어 그 이념에 봉사하고 희생하는 일을 마치 거룩한 책임이라고까지 착각하게 만든다.

영화 〈쇼생크 탈출〉에서 주인공 앤디와 함께 30년 가까이 죄수로 복역하고 있던 레드가 말한다.

"이 담벼락이 참 웃기지. 처음엔 다들 증오해. 그러다가 차츰 길들여지지. 그리고 세월이 지나면 벗어날 수 없어. 그리고 어느 순간 의지하게 되지. 그게 바로 길들여지는 거야"

증오하다가 어쩔 수 없다는 패배감으로 길들여지는 것, 그러다 심지어 의존하게 되는 것, '쇼생크'의 감옥은 제도화된 규범과 질서, 그리고 타인의 시선 속에서 창조적 삶의 방식을 잃어버린, 그렇게 순응을 택한 우리 삶의 또 다른 이름이다.

베른하르트 슈링크의 원작소설을 영화화한 〈더 리더(the reader)〉에는 여주인공 한나 슈미트의 이야기가 나온다. 한나는 아무것도 가진 것 없는 혈혈단신으로 이일 저일을 반복하며 억척같이 살아간다. 그러다가 지멘스 공장의 경비대에 채용된다. 그녀의 일은 아우슈비츠의 외곽 수용소에 있는 수감자들을 감시하는 일이다. 그러므로 그녀에게 있어서 가장 중요한 일은 명령과 규칙을 따르고 수용소 내에 질서를 유지하는 것이었다. 마을 교회에 폭격이 있던 날, 교회 지붕에 불길이 옮겨붙으면서 이것이 들보로 번져 나갔다. 교회 안에는 300여 명의 여성 수감자들이 감금되어 있었고 문은 잠겨 있었기 때문에 교회 안은 곧바로 아수라장이 되었다. 한나를 비롯한 나머지 감시원들은 경비대의 지휘관이 떠난 이후라서 어찌할 바를 몰라 문을 열지 못했다. 만약 문을 열어준다면 일대 혼란이 일어날 것이고, 그러면 걷잡을 수 없는 혼돈이 예상되었다. 결국 아무도 문을 열어주지 않았고, 나중에 보니 그 안에 갇힌 수감자들은 모두가 불타 죽고 말았다. 홀로코스트에 대한 과거사 재판이 있었던 법정에서 재판장은 한나에게 묻는다.

"왜 문을 열어주지 않았습니까?"

한나는 단호한 어조로 말한다.

"분명한 이유가 있었습니다. 열 수가 없었기 때문입니다."

"왜 열 수가 없었습니까?"

한나는 이전보다 더 격분한 어조로 말한다.

"우리는 경비원이었습니다. 경비원은 수감자들을 감시하는 사람입니다. 우리는 수감자들을 책임져야 하는 사람들이었습니다."

당시 다른 감시원들이 한나를 책임자로 몰아가면서 죄를 피하려는 음모를 꾸미고 있었지만, 순진한데다가 문맹이었던 한나는 자신의 수치심을 숨기기 위해 스스로 죄를 덮어쓴다. 한나는 결국 무기징역에 처해진다. 영화는 한나의 무지와 순진함이 비록 연민과 동정의 대상이 될 수는 있을지언정 단죄를 면할 수 있다고 말하지 않는다. 이는 정치학자 한나 아렌트(Hannah Arendt)가 말하는 '악의 평범성'을 연상케 한다.[13] 아우슈비츠 잔인한 학살에 관여한 책임자였던 아돌프 아이히만(Adolf Eichmann)은 재판과정에서, 자신은 군인의 신분으로 상부의 명령을 따랐을 뿐이며, 톱니바퀴의 이에 불과하다고 스스로를 변호했다. 다만 시키는 대로 한 것이라는 그의 주장은 그가 괴물이 아니라 제도적 질서 안에서 자신의 일을 본분이라고 믿으며 살아가는 우리들의 모습과 닮았다는 것이다.

# 권력의 숙주

연가시가 기생하고 있는 사마귀나 여치들은 물가 주변으로 다가가 스스로 물에 빠져 죽는다. 연가시의 기생충이 알을 낳을 수 있는 물가로 옮겨가도록 자신의 숙주를 조정하기 때문이다. 창형흡충이라는 기생충은 최종 숙주인 포유류에게 가기 위해 중간 숙주인 개미를 조종한다. 창형흡충에 감염된 개미는 소에게 먹히기 위해 풀잎 위로 올라가 멍하니 죽기를 기다린다. 말라리아도 모기를 유혹하여 감염된 사람의 피를 더 자주 빨게 하면서 다른 사람을 감염시킨다. 톡소포자충에 감염된 쥐는 더 이상 고양이를 두려워하지 않고 먹이가 되기를 자처한다.

공부는 왜 하는 것일까? 좋은 대학에 가기 위한 것이다. 왜 좋은 대학에 가야 할까? 장차 높은 연봉을 받을 수 있는 직장에 취업하기 위한 것이다. 좋은 대학, 좋은 직장, 높은 연봉, 그리고 부와 명예라는 획일적 가치를 향해 모두 한 방향으로 줄달음질 친다. 왜일까? 이것이 정말로 중요한 성공의 기준인지 묻지 않은 채, 패배가 뻔한 것임에도 불구하고 이 자멸적인 대열에 뛰어드는 이유는 무엇일까? 거기에는 우리 삶을 조정하는 권력, 지배이념이 우리를 숙주로 이용하기 때문은 아닐까?

오늘날 우리 삶을 조종하는 절대 권력 중의 하나는 바로 '시장'이다. 스마트폰은 일 년이 멀다하고 새로운 기능과 디자인을 추가하며 새롭게 선보인다. 자동차는 1-2년을 주기로 새로운 모델을 출시한다. 모든 제품과 서비스는 이전의 것들을 낡고 효용이 떨어지는 것으로 평가 절하시키면서 새로운 제품과 서비스로 대체된다. 새로운 제품을 열정적으로 떠벌릴수록 이전에 것들은 증오의 대상이 된다. 이전의 모델이 낙후되었기 때문이 아니다. 새로운 욕구를 가진 고객이 출현했기 때문도 아니다. 자가 증식의 속성을 가진 자본이 끊임없는 생산과 진보를 외치고 있기 때문이다.

프랑스의 철학자 장 보드리야르(Jean Baudrillard, 1929~2007)는 생산과 잉을 초래한 자본주의가 택한 다음 전략은 인위적 소비를 부추기는 것이라고 말한다.[14] 우리는 능동적으로 소비하고 있다고 생각하지만 사실 우리는 조작된 소비에 참여하고 있다. 기업은 새로운 상품을 소유할 때 더 행복해질 거라고 호소한다. 소유하지 못한다는 것은 빈곤이고, 빈곤은 곧 약자이고 패자라고. 하지만 알고 보면 우리는 상품이 가진 물리적인 효용이 아니라, 외양, 브랜드를 구매함으로써 그 상품이 갖는 상징적 이미지를 소유한다. 멋진 차, 멋진 집, 멋진 전자기기, 멋진 가방, 특별한 여가 상품은 곧 나의 확장된 자아다. 소비 조작에 농락당하면 고유한 자아가 실종되고 우리는 몰개성화된다.

소비를 충동하는 시장 자본주의는 광범위하게 우리의 의식, 가치관, 생활양식을 지배한다. 주류경제학은 오랫동안 인간을 이기적이고 탐욕적이라고 정의하면서 경쟁과 성취를 정당화해 왔다. 모든 부와 명예가 승자에게만 돌아가는 승자독식 사회(The Winner-Take-All Society)[15]에서 최고의 인간은 누구일까? 시장 경쟁력을 갖춘 인간이다. 시장 경쟁력이란 교환가치가 높은 '스펙(SPEC)'을 갖춘 인간이다. 교환가치가 높지 않다면 '잉여인간'이며, 구매능력을 갖지 못했다면 '쓰레기 인간'이 된다.[16] 청년백수, 노인, 이주노동자, 장애인, 노숙자, 불법체류자에 대한 우리들의 시선을 생각해 보라. 시장 중심의 세계관은 시장의 논리에 따라 사람을 평가한다. 언제든 버려질 것이라는 공포는 우리의 자아 감각을 흩뜨린다.

## 무사유

우리 사회는 심심치 않게 갑질 논란이 벌어진다. 왜 이런 일이 사라지지 않을까? 심리학자 대처 켈트너(Dacher Keltner)와 그의 동료들은 다음과 같은 실험을 했다.[17] 학생 세 명을 모아놓고 이 중 두 사람에게는 짧은 정책 보고서를 쓰게 했다. 그리고 나머지 한 사람에게는 보고서를 검토하고 그들에게 지급할 비용을 결정하게 했다. 일정 시간이 지난 뒤 연구자는 그들이 앉아있는 방에 쿠키 다섯 조각을 담은 접시를 놓고 나갔다. 진짜 실험은 여기서부터 시작된다. 그러니까 보고서를 작성했던 사람들은 이른바 '을'의 위치에, 그리고 보고서를 검토했던 사람들은 '갑'의 위치에 놓이게 한 것이다. 이제 그들은 다섯 개의 쿠키를 어떻게 나누어 먹게 될까? 연구자는 빈방에 남은 이 피험자들의 행동을 CCTV로 관찰했다. 그 결과, 보고서를 검토했던 갑의 위치에 있었던 실험자는 거침없이 두 개의 쿠키를 연거푸 먹었다. 분명 한 사람이 적게 먹게 될 것을 알고 있었을 텐데 말이다. 심지어 쿠키를 먹는 모습은 거만하고 게걸스럽기까지 보였다. 켈트너는 사람들은 일단 권력을 갖게 되면 자기 욕구나 필요에 더 신경 쓰고, 타인의 욕구나 필요에 소홀하며, 타인이 따라야 할 규칙이 자신에게는 적용되지 않는 것처럼 행동한다고 결론 내렸다.

개인이 태어난 물적 조건과 성장환경은 한 개인의 의식, 태도, 신념을 지배한다. 미국의 부시 대통령과 오사마 빈 라덴의 운명은 종교적, 도덕적 관념에서 비롯된 차이가 아니라, 그런 의식을 가질 수밖에 없었던 태생적 조건의 차이였다. 그렇다면 아이히만, 또는 갑의 위치에 있는 사람들이 보이는 행동은 용인될 수 있는 것일까? 그들의 행동이 악의가 아니라 그들이 가진 권력에 의한 불가피한 것이었다고 말해도 되는 것일까? 단언컨대 그들의 문제는 그들의 물적 조건이 아니다. 알량한 권력과 부 때문도 아니다. 그들은 자신이 살아가고 있는 이 삶의 무대에 대한 자기성찰이 없었던 것이다. 아렌트는 자신을 톱니바퀴의 이로 만들어버린 아이히만의 '무사유(無思惟)'에 그 죄가 있다고 고발했다. 자신에게 주어진 임무에 대해 아무런 생각 없이 기계적으로 직무를 수행하는 것, 그것이 바로 '악'이라는 것이다. 1962년 5월 31일, 아이히만은 사형선고를 받고 교수대에 올랐다. 하지만 그는 끝내 자신의 죄를 뉘우치지 않았다.


침몰해가는 세월호에서 승객들을 내팽개쳐 놓은 채 제일 먼저 탈출한 선장과 선원들은 우리 사회에 사유 없는 개인들이 얼마나 악해질 수 있는가를 보여준 사건이었다. 무엇이 옳은 일인지 생각하지 않고 단지 주어진 일이기 때문에 충직하다는 것은 얼마나 위험천만한가? 스스로 하고 있는 일이 어디서 유래했으며, 어떤 결과를 초래하는지를 생각하지 않는다는 것은 얼마나 섬뜩한가? 역할, 책임, 목표, 사명에 대한 숙고가 없다면 우리는 누구나 잠재적으로 세월호의 선원이며, 아이히만이 될 수 있다. 그런 점에서 자아 감각이란 우리를 보호하고 있는 더 큰 제도와 질서 앞에서, 그리고 자신이 가지고 있는 권력과 지위 안에서 얼마든지 쉽게 붕괴될 수 있는, 형편없고 유약한 것임을 인정해야 한다.

## 만들어진 자아

문화가 표방하는 가치는 의식적, 무의식적으로 우리 안에 내재화된다. 부모는 이 같은 가치를 주입하는 첫 번째 사람이다. 아이에게 부모는 절대 권력이다. 아이는 부모를 기쁘게 하고 부모의 사랑을 받기 위해 부모의 기대를 수용해야 한다. 부모가 원하는 것과 아이가 원하는 것이 다르다고 해서 아이가 원하는 것이 먼저 고려되는 것은 아니다. 부모의 욕망과 기대, 나아가 부모가 강조하는 특정 가치가 아이의 욕망과 별개로 아이의 의식 속에 스며든다. 아이는 자라면서 선생님과 다른 권위자들, 그리고 각종 대중매체가 전달하는 가치들을 수용한다. 사회에 편입하려면 타인들의 욕구에 부합해야 하고, 그렇지 않다면 분리불안을 감당해야 한다. 만일 어떤 권력이 의도적으로 특정 이념을 주입하고 있다면, 우리는 지배 권력이 원하는 세계관, 자아관을 갖게 되고, 사

회가 미리 써 준 대본대로 충실히 살아간다. 생각하는 것이 아니라 생각당한다.[18]

우리가 별문제의식 없이 사회가 써 준 대본대로 사는 이유는 두 가지다. 하나는 타인들로부터 인정받고자 하는 뿌리 깊은 '욕망'이다. 사람들에게서 거부당할지 모른다는 두려움, 평판에 대한 염려, 속마음이 탄로 날 때 느껴질 죄의식을 경험하고 싶지 않기 때문이다. 또 다른 하나는 '삶의 불확실성'이다. 불확실할 때 우리는 보다 권위 있는 타인, 다수에게 동조함으로써 불안에서 벗어나려 한다. 스스로를 지탱할 수 없다는 생각이 들면, 생각하고 판단하는 능력을 타인에게 맡겨버린다. 타인들의 기대, 생각, 통념을 모방하고 수용한다. 그들과 경계를 없애고 그들이 원하는 사람이 되기로 한다. 그러면 우리는 문화의 베일을 통해서만 현실을 보게 되고, 사회가 명령한 목표만을 따르면서 허위 자아를 갖게 된다.[19]

시간이 지나면서 주입된 가치는 점차 몸의 일부처럼 느껴지고 자각 증세가 없다. 광신적 믿음을 가진 사람들을 생각해 보라. 그들은 자신과 다르다는 이유만으로 타자를 배제하고 적대행위를 서슴지 않는다. 도덕적 논란이 있을 수 있는 행위에 대해서도 죄의식을 느끼지 않는다. 이런 사람들은 옳고 그름, 혹은 그것이 얼마나 사회적으로 정당한 것인가와 관계없이 진정한 자아와 마주할 통로를 갖지 못한다. 허위 정체성이 장착된 것이다.[20]

# 생각할 것인가? 생각당할 것인가?

철학자 미셸 푸코(Michel Foucault)는 권력의 지배가 개인에게 작동하는 방식에 대해 연구하면서 사회적 제도들이 인간 주체의 정신을 규정짓는 미묘한 방식을 해부했다. 권력을 가진 사람들은 자신의 이익을 진작시키기 위해 담론(disclosure)을 관리하면서 사람들을 단속하고 자신의 지배력을 강화한다. 담론이란 권력자가 지배력을 강화하기 위해 사용하는 독특한 언어체계(말하기, 글쓰기 등)를 말한다. 예를 들어 '죄수는 처벌되고 교화되어야 한다'라든가, '가난한 사람들은 비위생적이다'라든가 '성과에 따라 보상을 받아야 한다' 라든가 하는 식이다. 정신병원, 학교, 군대, 감옥, 공장, 그리고 기업과 같은 것들은 권력자가 담론을 관리하는 대표적인 장치다.

'담론의 관리'란 특정행동을 금지하고 어떤 것을 분할, 배척하며, 참과 거짓을 대립시키고 사람들을 특정한 방식대로 행동하도록 감시하고 통제하는 모든 것이다. 푸코는 '파놉티콘(panopticon)'이라는 감옥을 통해 이 원리를 설명한다. 파놉티콘이란 간수는 죄수를 감시할 수 있지만, 죄수들은 간수가 보이지 않도록 설계된 일망감시체제다. 감시자가 어디에 있는지 알 수 없는 죄수들은 늘 감시받고 있다는 생각을 하게 된다. 그러므로 간수가 없을 때조차도 자기 감시를 멈추지 못한다. 푸코에 따르면 오늘날의 권력은 이 같은 상시 정보 수집과 관료주의적 감시를 통해 사람들의 의식을 지배하고 조종한다.[21]

우리는 주체적 의식을 가진 독립된 인간이라고 단언하기 어렵다. 우리의 자아 의식은 담론에 저당 잡혀있다. '나'라는 자의식은 내 것이 아니라 권력의 아바타다. 사실 우리가 옳다고 믿는 것, 그렇게 해야 한다고 생각하는 대부분은 원래 나의 것이 아니라, 교묘하고 복잡한 권력의 작동 방식에 의해 내 안에 침투한 것들이다. 문제의 핵심은 그 권력의 배후도, 실체도, 지배방식도, 전술도 쉬이 알 수 없다는 것이다. 파놉티콘의 배후에 숨겨진 배우가 발각되지 않는다면 우리는 어떻게 해야 할까? 그때 우리는 모든 문제의 원인을 자신에게 귀인 시켜야만 한다. 내가 최선을 다하지 않았기 때문이며, 내가 무능하기 때문이며, 내가 기회를 놓쳤기 때문이라고.

언젠가 한 기업의 오너가 횡령 사건으로 구속 수감되는 일이 있었다. 그 당시 진행하던 프로젝트로 내가 그 회사의 임원을 만난 일이 있었다. 나는 인사말로 이렇게 물었다.

"회장님 때문에 회사가 아주 곤혹스럽겠습니다."

그러자 임원은 곧바로 받아치며 말했다.

"그거야 그분 이야기죠. 저하곤 상관없습니다."

그는 곧바로 화제를 돌렸다. 자신의 보스가 비리를 저질렀다는 사실과 그런 보스 밑에서 일하고 있는 자기 행동 간의 불일치가 당혹스러웠을 것이다. 어떻게든 자신과 분리하는 것이 심적 갈등을 줄일 방법이었을 것이다. 하지만 그렇다고 문제가 해결되는 것일까? 우리의 의식은 조직이 부과한 암묵적 규범에서 벗어나 있지 않다. 더군다나 조직이 거액의 연봉과 안정성을 제공하면서 오랫동안 나의 의식을 통제하고 있었다면 어떨까? 내 생각, 나의 견해, 나의 철학을 과연 온전히 지켜갈 수 있을까? 이것은 특정 기업에서만 일어나는 일은 아니다. 국가 혹은 종교적 이념 같은 보다 더 큰 대의에 의해 우리의 마음이 사로잡혀 있다면, 또 그 방식이 너무 교묘해서 쉬이 자각할 수 없다면, 그 해법은 생각보다 그리 간단하지 않다.

## 체념과 순응

가끔 직장인들과 이야기하다보면 "기업의 목적은 이윤추구 아닌가요?", "돈을 벌지 못하면 결국 모두 망하는 거죠"라는 말을 자주 한다. 이 황당한 믿음은 대체 어디에서 유입된 것일까? 그렇게 배워왔을 뿐 아니라 그런 현실을 목격했기 때문일까? 기업 내 모든 관행들이 이윤을 낳는 방식으로 정렬되어 있고, 이윤을 낳는 것에만 정당성을 부여하고 있다면, 더군다나 이것이 모든 행동에 대한 평가의 기준임을 지켜보았다면, 이런 믿음은 전혀 이상한 것이 아니었을 것이다. 또 기업의 광고나 홈페이지에 등장하는 현란한 미사여구(美辭麗句)들이 사실은 이윤을 낳기 위한 전략적인 술수에 불과하다는 것을 알게 된다면, 종업원의 의식 속에 '이윤추구'는 기업의 명백한 목적이라는 믿음이 확고해졌을 것이다. 우리의 믿음이 원래 우리의 것이 아닐 수 있음을 경계하지 않으면, 우리는 권력의 수인이 된다.

그러므로 기억해야 할 것이 있다. 권력에 대해 체념하고 순응하는 것은 심리적 불안을 없애는 불가피한 방법이긴 하지만, 이런 행위는 동시에 크나큰 위험을 감수해야 한다는 것이다. 다름 아니라 주체적 자아, 즉 자신이 자신이기를 그만두어야 한다는 것이다. 체념과 순응을 선택하면 다음과 같은 일이 벌어진다. 첫째, 제도와 권력의 폭압을 아무런 비판 없이 수용해야 한다. 그 때문에 재능과 잠재력을 제한해야 한다. 오랫동안 한 직장 한 분야에서만 일해 온 사람들은 자기 생각과 능력이 편협하다는 것을 인정하곤 한다. 이들은 은퇴 이후 보호막이 사라지는 것에 과도한 불안감을 느낀다.

"회사를 그만두면 제가 무엇을 할 수 있는지 잘 모르겠어요"

고용이 성과를 낳는 정도에 따라 한시적으로 보장되고, 역량도 조직의 요구에 따라 선택적으로 개발되었기 때문이다.

둘째, 우리는 지배 권력이 요구하는 것과는 다른 제도, 관습, 견해를 가진 사람들에 대해 편견이 생긴다. 다른 사람들을 개방적으로 수용하

그림 2. 권력에 길들여진 조작된 자아

나를 보호하고 있는 권력
정치권력, 시장권력

조작된 자아
순응, 동조

지 못하고, 심지어 혐오하고 경계하며 배척한다. 이런 관점이 노골화되면 우리는 우리와 다른 사람들과의 긴장, 불화, 마찰, 전쟁을 각오해야 한다.

"세상은 전쟁터에요"

셋째, 우리가 체념과 순응을 선택하면 우리는 우리의 존엄과 도덕적 자부심을 잃는다. 자신의 고유성, 가치, 개성, 원칙을 저버리고, 그 때문에 윤리적이고 도덕적인 판단마저 그르칠 위험이 있다. 한 직장인은 회사를 그만두고 나서야 뒤늦게 자신이 한 행위가 옳지 않았다는 것을 깨달았다고 고백했다.

"그때는 제가 하는 일이 잘못이라는 것을 추오도 생각한 적이 없었어요. 회사가 시키는 일이라면 당연히 해내야 하는 것이 제 의무라고 생각했으니까요."

✥

안전하고 더 큰 권력에 의존하고 있을 때 우리의 자아 감각은 언제든지 왜곡되고 무너질 수 있다. 권력과 자본이 만들어 내고 있는 고도의 테크놀로지는 우리가 우리의 본모습으로 살아가는 일을 어렵게 만든다. 푸코의 통찰은 놀랍다. 하지만, 그렇다고 그가 지적하는 것처럼 우리를 언제나 수동적인 존재라고만 생각할 필요는 없다. 더불어 그런 사회적 힘들이 항구 불변의 것이라고 가정할 이유도 없다. 푸코는 그의 주장과 달리 그 자신이 스스로 권력의 심층부를 해부할 수 있는 능력을 보여주지 않았던가. 우리의 자아가 사회적 통제 양식에 의해 허구로 만들어진 것임을 인식할 수 있다면, 그저 체념하고 순응하는 일은 얼마든지 멈출 수 있다. 우리가 가진 의식의 자율성, 독립성에 그 희망을 걸어볼 수 있다.

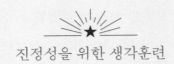

## 진정성을 위한 생각훈련

1  우리가 누군가의 인정을 갈망하고, 권력을 탐하고, 돈 앞에서 비굴하고, 온갖
   스펙으로 자신을 무장하는 행동은 무엇 때문인가? 이런 행동을 하게 하는 우
   리의 생각은 어디에서 온 것인가? 직장의 가치관, 사회적 통념이 우리 안에 주
   입되었기 때문은 아닌가?

   _____

2  내가 옳다고 생각하는 일과 내가 속한 집단이 옳다고 생각하는 일이 다를 때,
   어떤 결정을 내릴 것인가? 그 결정을 내린 이유와 배경은 무엇인가?

   _____

3  다음 말에 대한 당신의 견해는 무엇인가? 이 말은 요즘 직장인들의 행동을 해
   석하는데 도움이 되는가? 그렇지 않다면 왜 그런가?

   감시자를 알 수 없는 죄수들은 늘 감시받고 있다는 생각을 하기 때문에 결국 간수가 없을 때
   조차도 자기감시를 멈추지 못한다.

   _____

4  "시키는 대로 해야죠. 월급쟁이가 다 그런 거 아닌가요?" 이렇게 말하는 사람
   들이 있다. 자신의 뜻과 의지대로 할 수 없고, 수많은 제약과 감시에 처했으며,
   옳지 않은 일을 하고 있다는 죄의식을 느끼면서도 어쩔 도리가 없다는 고백이
   다. 이런 사람들을 어떻게 도울 수 있는가? 주체적으로 생각하고 행동하기 위
   해 어떤 노력을 지속해야 하는가?

   _____

# 3

## 이기심
### 삶을 배반하다

우리 인생을 거짓으로 만드는 또 하나의 주범은 이기심이다.
이기심은 당연한 인간의 본능처럼 보이지만 실은 인간 본성을 외곡하는
조작된 망상이다. 그것은 우리를 편협한 자기애에 가두고,
인생의 본질을 제대로 들여다볼 수 없게 만든다.

## 알리바바, 열려라 참깨!

알리바바는 그 이름처럼 요술을 부리듯 시장의 70% 이상을 장악하면서 E-커머스의 절대강자로 부각했다. 알리바바가 뉴욕 증시에 상장되자마자 구글, 페이스북 등 세계 최대의 인터넷 기업들과 순식간에 어깨를 나란히 했다. 알리바바를 창립한 마윈(Jack Ma, Ma Yun)은 포춘지에서 선정한 전 세계의 영향력 있는 인물 순위에 올랐다. 비쩍 마른 체형의 마윈은 일약 중국 최고의 영웅으로 떠올랐고, 그의 팬덤은 거의 신앙 수준이 되었다. 〈파이낸셜 타임즈〉는 현재 중국에서 공산당 이외에 가장 큰 영향력을 가진 인물을 마윈이라고까지 표현했다.

마윈은 뛰어난 기술을 가지지 않았고 체계적인 경영수업을 받은 적이 없었다. 오히려 재능이 부족해 원하는 대학을 가지도 못했고, 외모가 부적합하다는 이유로 수차례 취업에 실패했다. 1964년 중국 항저우에서 태어나 어려운 가정 형편으로 낮에는 직장에서, 밤에는 야간학교를 다녔다. 그러나 남다른 열정을 보이며 공부에 매진해 가까스로 삼수 끝에 항저우 사범학교에 진학했다. 영어를 전공하여 졸업한 뒤 통역으로 일하며 미국에 갔다가 인터넷을 처음 접했다. 당시 마윈은 메일도 제대로 못 보낼 정도의 컴맹이었다고 고백했다. 중국 시장의 부상을 예견하고 시작한 첫 사업은 성공하지 못했다. 그는 회사 문을 닫고 관광가이드와 영어교사를 병행하며 생계를 꾸려나갔다. 그러다가 1998년 중국 대외경제무역 합작부에 취업해 야후 창업자 제리 양(Jerry Yang)의 가이드를 받은 뒤, 자신의 사업 구상을 제리 양에게 설명하고, 2년 뒤 손정의 회장으로부터 투자를 받아냈다. 그 후 그의 사업은 급부상하기 시작했다. 그는 한 강연에서 "35살까지 가난하면 그건 당신의 책임이다. 당신이 가난한 이유는 야심이 없기 때문이다"라고 말했다.

삶의 성공철학들이 하나같이 강조하는 것은 야심 혹은 비전, 그리고 지칠 줄 모르는 도전과 그를 가능하게 한 '자신감'이다, 자신감, 끈질긴 도전이 있으면 누구나 마윈처럼 될 수 있다고 유혹한다. 야심을 품고, 자신감을 갖는다면 성공할 가능성이 있다는 것은 구태여 심리학적 연구결과를 들추지 않더라도 자명해 보인다. 하지만 문제는 언제나 모두에게 그렇지 않다는 것이다. 지나친 자신감은 자만을 부르고, 자만은 자기 결함에 눈 감는다. 한때의 강점이 약점으로 둔갑해 간다는 사실을 깨닫지 못한다. 이카루스는 자신의 날개를 믿고 활개를 치다가 결국 날개를 붙인 밀랍이 녹으면서 추락했다. 레셉스(Ferdinand Marie de Lesseps)는 수에즈 운하에서의 성공이 파나마 운하에서도 성공할 것이라는 낙관론을 갖고 있다가 실패했다. 천왕성의 주기를 풀어 낸 천문학자 르베리에(Jean Joseph Le Verrier)역시 같은 방정식으로 수성의 주기를 풀다가 엉터리 논문을 발표했다. 자만이 맹점을 만든 것이다.

## 왜 우리는 자신감에 매달리는가?

삶의 경험에서 교훈을 얻고 이로부터 자신을 긍정하는 방식의 자신감이 아니라, 별다른 근거 없이 먼저 자신감을 가져야 한다고 말하는 것은 어딘가 석연치 않다. 왜 밑도 끝도 없이 비전을 품고 자신감을 가지라고 하는 것일까? 정말 그것이 마윈 같은 성공을 보장하기 때문일까? 혹 자신감과 관련한 이 논의들 속에 또 다른 숨겨진 의도가 있는 것은 아닐까?

마윈의 성공은 충분히 귀감이 될 만하다. 그러나 그의 말 한마디, 일거수일투족이 마치 성공의 법칙인 양 요란을 떨고 이를 따라 하려는 건 상식적이지 않다. 혹 그가 엄청난 기업을 일군 CEO이고, 그가 이룬 부(富)때문이라면, 특히나 어려운 역경을 이기고 이룬 성취 때문이라면 우리의 의식은 자본과 기득권의 논리에 종속된 것이다. 왜냐하면 이런 사람들이야말로 자본주의의 위대함을 보여주는 가장 확실한 증거이니까.

생각해 보라. 언제부터인지 '의존', '복종', '의무'라는 말은 '모험', '선택', '자주'라는 말에 비해 촌스럽게 들리지 않는가. '의존'은 무능함과 불완전함에 대한 고백처럼, '복종'은 질서에 대한 순응처럼, 그리고

'의무'란 책임과 속박처럼 느껴진다. 이런 말들은 전근대적인 것으로 치부되고 극복의 대상이 되어버렸다. 반면 자신감, 도전, 모험, 선택, 자유, 창의는 지금 얼마나 찬란한가.

'자아실현'이라는 말도 동일한 맥락에서 찬양되기는 마찬가지다. 심리학자 매슬로우(Abraham H. Maslow)가 주창한 욕구 위계의 최정점에 놓인 '자아실현'은 인간이 궁극적으로 도달해야 하는 최고의 선, 존재의 최고 이상을 상징하는 말이 되었다. 잠재된 역량을 발현하고 그 꽃을 만발시키는 것을 누가 미덕이라는 하지 않을 수 있겠는가? 하지만 자아실현에 대한 숭배는 개인의 꿈, 비전을 예찬하고, 이를 위한 도전과 성취를 성역화한다. 그래서 CEO, 연예인, 스포츠 스타, 그리고 역경을 극복한 사람들의 이야기는 하나같이 성공의 심볼로 추앙된다. 그들의 성공 스토리는 복제한 듯 비슷하다. 비전과 열정, 불굴의 정신, 실패와 고난의 극복, 그리고 전략적 선택으로 기회를 포착했다. 그들이 쏟아놓는 성공의 이야기들은 금방 책자화되고 유명 잡지의 표지가 된다. 하지만 생각해보라. 왜 언론은 항시 이런 사람들에게 스포트라이트를 비추고, 이들의 성공스토리에 열광하는지를.

## 자신감, 불안의 다른 이름

철학자 찰스 귀논은 이런 주장에 인류의 역사적 근원이 있음을 지적한다.[22] 근대 이전의 세계는 지금과 달리 자연과 신의 섭리에 의해 만들어진 질서 정연한 세계였다. 이런 세계에서 바람직한 삶이란 우주적 질서에 합치된 삶이다. 고대의 인간은 별개의 독립된 존재가 아니라 우주의 일부이며 자연의 일부였다. 소크라테스가 말하는 '너 자신을 알라'라는 말은 우주적 관계망 안에서 자기 존재의 위치를 확인하고 그 본분을 다하라는 주문이었다. 우주적 질서에 따라 자기의 본분을 인식하고 그 역할에 충실한 것, 그것이 자아의 발견이며 자아의 완성이었다. 거기에 '나'는 전체의 일부일 뿐 개체로서 그 독립성이 존재하지 않았다.

중세에 들어서면 이런 세계관은 다시 신 중심적 세계관으로 대체되면서 올바른 삶이란 신을 향하는 삶으로 규정되었다. 신이 예정한 대로 신을 위해 살아가는 것이 이상적인 삶이었다. 반면 신에게서 멀어지는 일은 타락을 의미했다. 그러므로 인간은 언제나 신에 귀속되어 신의 뜻을 따라야 구원받을 수 있었다. 중세의 세계관은 자아의 주체성을 인정하지 않았다. 인간 삶에 대한 수동적이고 결정론적인 세계관은 자유롭고 개성 있는 인간의 이성을 제약했다.

하지만 데카르트의 '나는 생각한다. 고로 나는 존재한다'로 대변되는 근대의 세계관은 고대나 중세가 보였던 세계관과는 달리 개인의 이성을 부활시켰다. 종교개혁과 과학이 발달하기 시작했고, 인본주의적 철학이 태동하면서 종교적 질서에 갇혀있었던 개인들이 해방되었다. 이성적이고 합리적이며 객관적 주체자로서의 개인들이 태어났다. 인간은 '만물의 척도'가 되었다. 더 이상 인간을 구속하는 외적 힘은 존재하지 않았다. 인간은 신의 부속품이 아닌 주체가 되었고, 세상을 지배하는 능력자로 등극했다.

절대 권위와 압력에서 벗어난 개인들은 무제한의 자유를 경험했다. 하지만 그것은 동시에 불안을 몰고 왔다. 절대적 진리가 사라진 세상은 상대적으로 목적과 의미를 주는 표준이 사라졌고, 그 기준을 개인의 재량에 맡겨 놓았다. 포스트모더니즘과 자본주의의 발달은 삶이 상대적이고 주관적이며 주체적인 개인들에 의해 얼마든지 창조될 수 있는 것임을 알려주었다.

'자신감', '자아실현'의 복음 안에는 인류 역사가 초래한 불안과 함께 자본주의와 신자유주의가 정당해 온 이기심, 그리고 그 이기심을 조장하는 비정한 경쟁 사회의 생존법이 자리하고 있다.


## 자신감, 이기심의 가면

자신감 예찬은 우리들 안에 숨겨진 이기심의 불씨가 정당성을 얻으며 발화한 것이다. 우리 시대 진정성의 도전은 여기에 있다. 이기심을 조장하는 사회는 사람들을 편협한 나르시시즘 안에 가둔다. 자기 욕구와 필요를 우선하고, 사회적 책임, 도덕적 의무 등과 관련하여 마땅히 감당해야 할 공적 책임을 우리의 관심 밖으로 밀어낸다. 공감과 교감이 사라지면서 우리는 홀로 남고 말았다. 삶이 원래 고독한 것이라고 말한다면 그것은 차라리 낭만이다. 하지만 지금 우리는 나와 타인을 구별짓고, 경계를 만들며 자신을 고립시켰다. 우리는 지금 누군가에게 정당하고 의로운 이웃이 아니다.

오늘날 그 연장선에서 우려스러운 것은 가족 이기주의다. 에고의 확장판인 가족은 최고의 선이 되었다. 내가 만난 직장인들 다수는 '가족의 행복과 건강'을 최고의 가치라고 말하는 데 주저하지 않는다. 이게 무엇이 잘못일까? 이것만큼 확실한 존재 이유가 어디 있을까? 그러나 이런 가족애의 이면에는 공존하고 공영해야 할 공동체가 가족이라는 사적 범위 안으로 쪼그라들었음을 보여준다. 타인은 잠재적 경쟁자고 언제든지 불신의 대상이 될 수 있다. 그러니 임시적이고 피상적 관계가 주는 불안 대신, 혈연이라는 가장 확실한 신뢰의 대상으로 귀환하는 것이 가장 확실한 안전망이다. 가족이라는 울타리에 국한된 행복의 추구는 결국 나와 관계하는 타인, 내가 살아가는 세상과의 연속성, 그리고 일체성과 대립한다. 그럴 의도가 없었다 하더라도 이 나르시시즘은 언제든 타인을 장악하고 이용하는 일을 용인한다.

우리는 어떤 경우도 타자보다 더 중요한 사람일 수 없다. 타인의 행복을 밀치고 자신의 행복을 누릴 만큼 우선권을 가지고 있지 않다. 또 그렇게 누리는 삶이 결코 진실한 삶이라고 말할 수도 없다. 그런데도 왜 우리는 이 사적 이기심에 갇혀버린 것일까? 아마도 이타적이고 희생적인 행동에 대한 대가가 없고, 상시 불공정한 거래가 일어날 수 있다는 위험 속에서 살고 있기 때문일 것이다. 사회학자 세넷은 오늘날 우리가 이기심의 세계에 빠진 이유를 다음과 같이 분석했다.[24] 첫째, 사회적 불평등이 심화되면서 계급 간의 경계를 넘나드는 상호작용이 사라졌다. 최상위 1%의 재산은 천문학적으로 늘어났지만 나머지 사람들이 부유해질 수 있는 확률은 현격히 줄어들었다. 사회적, 경제적 격차는 서로의 입장을 이해하거나 상호 협력할 수 있는 가능성을 없애버렸다. 둘째, 전통적인 직장 안에 존재하고 있었던 권위와 질서가 사라지면서 사람들 간의 상호 신뢰가 불가능해졌다. 공동으로 감당해야 할 책임이 약화되었다. 특히 금융산업의 부상은 조직을 단기적이고 임시적인 구성체로 변모시키면서 평생직장의 개념을 없애고, 사람들을 조직의 소모품으로 전락시켰다. 게다가 과도한 경쟁 시스템은 사람 간의 장벽을 만들고 소통을 단절시켰다. 셋째, 이로 인해 사회적 불안으로부터 도피하려는 비협력적인 개인, 그러니까 다른 사람들과 대면을 피하고 협력 의지를 잃어버린 나르시스적 개인들이 출현했다.

특히 우리 사회는 IMF체제를 지나면서 실업에 대한 공포가 일상화되었고, 그나마 직장을 가지고 있는 사람들도 정년까지 안정된 삶을 보장받을 수 없게 되었다. 장기화된 저성장과 사회적 불평등, 그리고 사회적 안전망의 부재는 누구도 자기 운명에 대한 확고한 주도권을 가질 수 없도록 만들었다. 높은 지위와 신분을 갖고 있는 사람들조차도 마치 벼랑 끝에 서있는 것 같은 불안에 휩싸여 있다. 대기업에 다니고 있는 직장인들의 수는 전체 직장인의 10% 수준이고, 이들의 연봉은 중소기업 직장인들의 두 배 이상이지만, 이들 역시 똑같은 불안감에 허덕이기는 매한가지다. 그러다 보니 타인의 불행은 안타깝지만 나의 책임도, 나의 관심사도 될 수 없다. 유일한 생존전략은 제 삶의 안위를 보전하고 자신의 능력을 입증함으로써 생존의 가능성을 높이는 것뿐이다. 이

때 자신감은 나 이외에 아무도 돌봐주지 않는 냉혹한 세상을 살아가는 유일한 무기가 된다.

편협한 자기애는 세상을 자기중심적으로 바라본다. 사람들을 인격적 존재가 아니라 도구로 취급한다. 순수한 이해와 공감, 사랑과 우정은 불가능하다. 공동의 가치와 이상에서 멀어지면 스스로를 사사로운 존재로 전락시킨다. 또 이기심은 '나만 아니면 돼'라는 비열한 태도를 낳는다. 부조리한 현실을 보고도 저항하지 않는다. 혹자는 인간이 생명체를 연장하기 위해 자신의 유전자를 다음 세대에 나르는 충실한 생존 기계라고 말한다.[26] 이기심 없이 우리는 자신을 보호할 수 없고 종족을 보존할 수 없다. 이기심은 우리의 본성이고, '만인 대 만인의 투쟁'은 불가피하다. 우리가 이런 생각에서 좀처럼 벗어나지 못하는 이유는 생존게임의 구조 안에 갇혀있기 때문이다. 현재의 구조로부터 수혜를 받는 사람들은 이 구조를 바꿀 하등의 이유가 없고, 살아남은 자들은 패자가 아니라는 안도감에 안주하고 있으며, 그렇지 않은 사람들은 언젠가 자신도 승자가 될 것이라는 환상을 품고 있다. 승자가 될 확률이 낮을수록, 승자와 살아남은 자들에게 돌아가는 기회와 보상이 클수록, 약자와 패자들이 초라해 보일수록, 이 구조는 무너질 가능성이 없다.

그리스군은 트로이를 함락하기 위해 목마를 선물한다. 그것을 선물이라고 여긴 트로이군은 의심 없이 목마를 성 안으로 끌어들여오지만, 이 때문에 그리스의 함락을 허용하고 말았다. 에스키모인은 늑대를 사냥하기 위해 피 묻은 예리한 칼을 눈밭에 꽂아둔다. 늑대는 피 냄새를

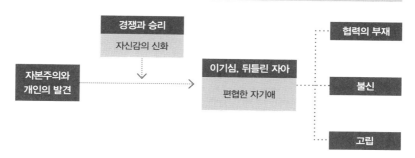

그림 3. 이기심, 뒤틀린 자아의 유래와 결과

맡고 이 칼끝을 핥다가 자기 혀가 베이고 있다는 것도 모른 채 죽어간다. 제 생각과 의식이 꼭두각시처럼 누군가에게 지배되고 있을지라도 그냥 그런 게 '사는 일'이라고 규정하면, 현실은 당연의 세계가 되고 그때 우리의 의식은 허구화된다. 열심히 사는 일을 미덕이라고 치부하기 전에 대체 누가 그 트로이 목마를, 그 피 묻은 칼을 우리 인생 앞에 두었는지 생각해야 한다.

## 자아, 이기심을 넘어서기

"젊은 창녀들에게는 포주가 있지만 늙은 창녀들에게는 아무도 없다. 나는 할 수만 있다면 늙은 창녀들을 맡고 싶다. 나는 늙고 못생기고 더 이상 쓸모없는 창녀들만 맡아서 포주 노릇을 할 것이다. 그들을 보살피고, 평등하게 대해줄 것이다. 나는 세상에서 가장 힘센 경찰과 포주가 되어서 엘리베이터도 없는 칠층 아파트에서 버려진 울고 있는 늙은 창녀가 다시는 없도록 할 것이다."[27]

위 글은 에밀 아자르의 소설 〈자기 앞의 생〉에 나오는 주인공인 열 살배기(실은 14살) 소년 모모의 꿈이다. 모모의 꿈은 너무 시리고도 애절하다. 모모는 원래 아랍 태생이며 창녀의 아들이었다. 아버지가 어머니를 살해한 뒤, 로자 아주머니에게 맡겨져 자란다. 로자 아주머니는 젊은 시절 몸을 팔아 생계를 연명해 왔지만 나이가 든 뒤로는 창녀의 어린 아이들, 버려진 유태인, 아랍인, 흑인들을 다 한 가족처럼 품고 억척같이 살아간다. 어느 날, 로자 아주머니는 암에 걸려 아무의 도움도 받지 못한 채 쓸쓸히 죽어간다. 모모는 그녀의 죽음을 지켜보며 이렇게 노래하고 있는 것이다.

모모의 꿈은 오늘 우리에게 예사롭지 않게 들린다. 그것은 우리가 무심코 격리했던 비정상의 사람들이, 실은 '나는 그들처럼 불행하지 않다'고 위안을 삼았던 우리에게, 도리어 우리가 비정상임을 고발하고 있기 때문이다. 로자 아주머니의 삶은 편견과 자족 속에서 타인, 특히 소외된 사람들을 보듬지 않는 우리들의 알량한 마음이 실은 훨씬 더 저열하고 천한 것임을 고발한다. 가졌다는 사실만으로 가지지 못한 사람들을 외면하고, 이기심으로 무관심을 멈추지 않는 우리들의 시선은 그러니 얼마나 사악한가.

조금만 생각해보면 내가 세상의 중심일 리 없다. 사람들은 누구나 세상의 중심에 있다. 저마다 중앙에 있음을 깨달을 때 우리는 평등하고 온전한 감각을 유지할 수 있다. 불교에서는 인간 세상을 '인드라망

(indelamang)'에 비유한다. 인드라망은 반짝이는 보석들이 끊임없이 매달린 그물망이다. 각 보석은 서로가 서로를 비추며 한 몸, 한 우주로 연결되어 있다. 우리는 각자의 삶을 살고 있는 것 같지만 사실은 서로를 비추는 밀접한 관계망 안에서 존재한다. 마치 몸의 각 부분들이 분리된 체계가 아니라 통합된 하나의 시스템으로 전체를 이루는 것처럼, 우리는 우주라는 거대한 네트워크의 일부로서 존재한다. 자신을 중심이라고 생각하고 타인을 변방이라고 구분하는 짓은 것은 이기심이 부른 심대한 착각이다.

철학자 엠마누엘 레비나스(Emmanuel Levinas)는 우리는 타자의 고통과 고난을 바라보는 가운데 비로소 자신의 존재를 자각할 수 있다고 말한다. 타자가 곧 나의 주인이라는 것이다. '우리는 타자의 고통과 고난에 직면함으로써 우리 자신이 죄인임을, 우리가 부당한 소유와 권리를 향유한 사람인을 깨닫는다. 타인은 나의 주인이며 나에게 명령하고 나를 질책한다.'[27] 타인은 나에 의해 결코 무시될 수 없는 존재다. 그러므로 그들을 영접하고 환대함으로써 우리는 고립과 불안을 벗어날 수 있다. 이기심은 타인을 자기존재의 근원으로 이해하지 못한 뒤틀린 자아상이 만든 만든 망령이다.

⊹

오늘날 자신감과 자아실현의 찬양은 이기심에 뿌리를 두고 있다. 지그문트 프로이트는 '인류의 숙명적 문제는 문명 발달이 인간의 공격 본능과 자기 파괴본능을 얼마나 억누르는데 성공할 것이냐에 달려 있다.'[28]고 지적했다. 그는 우리의 문명에 대해 결코 낙관적이지 않았지만 천상의 권력, 에로스의 힘을 믿었다. '에로스'가 그와 똑같은 힘을 가진 불멸의 존재. '타나토스'와 맞서 버티어 내는 일이 바로 인류 문명의 희망일 것이라 기대했다. 오늘날 경쟁이 정당화되고 성공신화가 추앙되며, 사회적 불평등에 무감각한 것은 그가 우려하던 타나토스의 그림자가 전면에 나선 것인지 모른다. 희망은 우리가 타인들과 깊이 연루된 존재라는 자각으로부터 이해와 사랑, 연민과 공감, 연대와 결속이라는 에로스를 부활시키는 데 있다.

---

### 삶이 거짓이 되고 있다는 징후들

1. 열심히 살고 있긴 하지만 문득문득 공허함을 느낀다.
2. 장기적 안목이 없이 눈앞의 과제를 처리하느라 늘 분주하다.
3. 사회적인 성취가 삶의 목적이 되어 있다.
4. 늘 남들보다는 잘해야 한다고 생각한다.
5. 타인들의 시선, 평가를 지나치게 의식한다.
6. 일, 가정, 사회 구성원으로서의 역할들을 동시에 수행하는 데 어려움을 느낀다.
7. 자주 우울함, 좌절감, 의욕상실, 스트레스를 경험한다.
8. 지금 하고 있는 일에 대해 자부심, 긍지를 느끼지 못한다.
9. 주변의 사람들과 자주 불화를 경험한다.
10. 과거의 상처에서 쉬이 벗어나지 못하고 고통받는다.
11. 사람들을 신뢰할 수 없다.
12. 왜 살고 있는지 잘 설명하지 못한다.
13. 일을 하면서 자주 '옳지 않다'는 느낌이 든다.
14. 진실하게 교감할 수 있는 친구, 이웃이 없다.
15. 내가 누구인지 명확히 설명할 수 없다.

---

## 진정성을 위한 생각훈련

**1** 맹목적인 자신감이 아니라 본연의 '자신감', 즉 진정한 자기긍정의 힘은 어디에서 온다고 생각하는가?

---

**2** 사사로운 이기심에서 벗어나 이타적인 마음을 갖는 것이 왜 어려운가? 타인을 돕는 것이 그렇지 않은 것보다 더 큰 이득이 된다는 증거는 무엇인가?

---

**3** "직장에서 성공하려면 이기적이어야 합니다. 그리고 무엇 때문에 대체 이타적이어야 하나요?" 공동체의 한 구성원으로서 당연히 요구되는 이타성의 규범이 정작 구성원들에게 회의의 대상이라는 사실은 다음과 같은 가정이 직장에 깔려있음을 의미한다. 첫째, 직장은 내부 경쟁을 조장하고 있다. 둘째, 방법을 불문하고 승자들에게 더 큰 보상이 돌아가는 불평등 구조를 유지하고 있다. 셋째, 이런 방식들이 보다 효과적이라는 암묵적 믿음을 사수하고 있다. 당신이 이런 조직문화에 처해 있다면 어떻게 이런 문화를 바꾸어 갈 수 있는가? 제일 먼저 무엇을 어떻게 해야 한다고 생각하는가?

---

**4** 다음 레비나스의 말에 대한 당신의 견해는 무엇인가? 이런 인식을 자기 삶에 적용하고자 한다면 어떤 노력이 필요한가?

타자는 곧 나의 주인이다. '우리는 타자의 고통과 고난에 직면함으로써 우리 자신이 죄인임을, 우리가 부당하게 소유와 부와 권리를 향유한 사람인을 깨닫게 된다. 타인은 나의 주인이며 나에게 명령하고 나를 질책한다. 그래서 나는 내 자신을 벗어나 그를 영접하고 환대함으로써 비로소 나임을 확인하게 된다. 도덕적 주체가 된다.

# 진짜 인생을 찾아 떠나기

에이미 보시오.

집안은 다 잘 정돈되어 있으리라 생각하오. 앤에게 당신이 말한 대로 일러두었으니 돌아오면 당신과 아이들 식사가 준비되어 있을 것이오. 하지만 나는 당신을 보지 못하오. 당신과 헤어지기로 마음먹었소. 내일 아침 파리로 떠날 참이오. 이 편지는 그곳에 도착하는 대로 부치겠소. 다시 돌아가지 않소. 결정을 번복하진 않겠소.

－찰스 스트릭랜드[29]

〈달과 6펜스〉의 주인공 스트릭랜드는 잘나가던 런던의 증권 브로커였지만, 어느 날 느닷없이 화가가 되겠다며 가족과 직장 모두를 내팽개치고 홀연히 파리로 떠난다. 그의 나이 마흔여섯. 문명에 대한 혐오였을까? 현실에 대한 도피였을까? 아니면 정말 예술혼에 사로잡힌 영혼의 안내였을까? 그는 어느 날 갑자기 안전한 일상을 가차 없이 버리고 홀연히 일상을 떠나버린다. 사람들은 정부가 생겨 떠난 것이라고 생각했지만 그렇지 않았다. 표면적으로 보면 화가로서의 그림에 대한 열망이었고, 실제는 자신의 참된 자아를 찾아 떠나는 여정의 시작이었다. 그림에 대한 열망과 광기는 그를 남태평양 타이티 섬으로까지 안내했다. 그는 그곳에서 원시적인 자연과 하나가 된, 자신만의 새로운 예술 세계를 창조했다. 그는 생의 마지막에 문둥병에 걸렸지만 가장 행복한 상태로 자신의 오두막에서 숨을 거둔다.

　참된 자아를 찾아 떠난다는 것은 얼마나 멋진 로망인가? 그것은 현실이 주는 제약과 가짜의 인생을 일순간에 벗어던지는 자유의 향연이다! 안락한 거처라는 공간의 행복을 파괴하고 시간의 행복을 찾는 도발이다!

　"이건 아니야! 이렇게 살 순 없어!"

　누구나 마음 한구석은 변화를 꿈꾼다. 자유란 찾아볼 수 없고 온갖 허드렛일로 의무와 책임만이 주어진 일상, 그리고 도무지 이해할 수 없는 사람들에 둘러싸여 번뇌와 갈등을 반복하는 현실은 우리의 진짜인 생일 리가 없다. 어딘가 진짜 인생이 따로 있을 것 같다는 환상이 탈주를 꼬드긴다. 용기가 가상한 사람들은 직장을 떠나고 절교를 선언하며 이혼을 선택하고 새로운 모험을 시작한다.


　하지만 정말 그럴까? 소설 속 이야기처럼 자신을 찾아 떠나는 일이 자유와 행복을 보장해 주는 것일까? 그렇다면 스트릭랜드에 의해 그렇게 내팽겨진 에이미의 인생은 대체 뭐란 말인가? 쉬이 떠날 수 없는 삶이 열망하는 탈출, 여행, 이직, 결별, 이혼은 과연 진정한 자아를 찾는 모험일까? 영화 〈더 그레이〉는 극 지점 한 정유회사의 직원들을 고향으로 돌려보내기 위한 비행기가 알래스카 설원에 추락하면서 시작된다. 추락 사고로 살아남은 사람들은 주인공 오트웨이(리암니슨역)을 포함하여 정확히 일곱 명. 첫날밤 눈보라 속에서 불침번을 서던 사람이 늑대들에게 물어 뜯겨 죽는다. 겁에 질려 살기 위해 길을 떠나기로 결정했지만 다시 대열 중에 한 사람이 늑대에게 잡아먹힌다. 혹독한 추위와 굶주림, 생사를 넘나드는 도주 속에서 저산소증을 앓던 동료가 죽고, 또 다른 한 사람이 다시 낭떠러지로 떨어져 죽는다. 늑대들은 계속해서 포위망을 좁혀온다. 강줄기를 따라 피신하던 중 마지막까지 남아있던 동료는 더 이상 늑대를 피할 수 없다는 사실을 깨닫고 스스로 늑대 밥이 될 것을 자처한다. 그리고 이제 남은 마지막 한 사람은 주인공 오트웨이뿐이다.

영화는 알래스카의 혹독한 추위와 눈보라는 말할 것도 없고 수시로 어디선가 출몰하는 늑대들 앞에서 공포에 사로잡힌 인물들의 모습을 클로즈업한다. 숨 막힐 것 같은 죽음의 공포는 어딘가 더 안전한 곳이 있을 것이라는 도주를 부채질한다. 어떤 때는 늑대 떼를 곧잘 물리치기도 하고, 피신해 가기도 하지만 웬걸? 그렇게 피하고 싶었고 그렇게 살아남고 싶었지만, 생존자들은 늑대 소굴의 한가운데로 들어가고 있음을 깨닫지 못한다. 우리는 삶의 제약과 공포를 벗어나고 싶다. 더 자유롭고 행복한 곳을 찾고자 끝없이 몸부림친다. 어떤 사람들은 스스로 제

풀에 쓰러진다. 영화는 우리가 절대 떠날 수 없음을, 떠날 곳이 없음을 그렇게 상징적으로 보여준다.

결국 최후의 순간, 대장 늑대와 마주한 오토웨이는 자신이 벗어날 수 없다는 사실을 받아들이며, 가방 속에서 가지고 있던 병을 꺼내 하나하나 조각낸다. 그리고 날카로운 병 조각을 손가락 사이에 끼우며 마주한 대장 늑대를 노려보며 혼자 되뇐다.

"내가 맞이할 최후의, 최고의 전투를 향해 나는 오늘을 살고 또 죽을 것이다. 바로 이날을 살고 또 죽을 것이다."

처자식을 버리고 떠난 스트릭랜드가 아니라 짐승의 밥이 될 수밖에 없다는 사실을 인정하고, 현실에 의연히 맞서기로 한 오트웨이야 말로 우리 삶의 리얼이 아닐까? 속박과 한계를 떨치려는 '떠남'은 도피이며 판타지다. 어쩌면 떠나는 일은 정착하지 못하는 유랑의 굴레에 영원히 감금되는 일인지 모른다. 우리는 결코 떠날 수 없으며, 한 번도 떠난 적이 없다! 그렇지 않다면 자유가 왜 그토록 간절한 그리움의 대상이었겠는가? 현재의 불행을 벗어나 어딘가 있을 것 같은 진짜 인생을 찾아 떠나는 일은 무지개를 쫓는 일만큼이나 허망하다.

이상과 현실을 구분하는 일은 관념의 조작이다. 그런 관념은 끊임없이 우리에게 다른 어딘가에 천국 같은 별천지가 있다고 가르치지만, 삶은 매 순간 마주하는 현재의 연속일 뿐이다. 그것을 이해하지 못한 사람들은 탈주를 꿈꾸고, 탈주한 사람들의 스토리에 눈과 귀가 먼다. 하지만 떠나지 않기로 하는 일은 떠나는 일보다 더 큰 용기다. 그것은 자신의 삶을 정면으로 마주하려는 의지이며, 속박과 구속에도 불구하고 제 땅에 두 다리를 박고 버티려는 비장함과 결연함의 소산이다. 소크라테스는 타락한 그리스의 거리 한복판을 절대 떠나지 않았으며 마침내 스스로 독배를 마셨다. 떠나야 한다면 다시 물어야 한다. 내가 맞서 싸워야 할 상대가 과연 어디에 있는지를.

# 진정성의 여정

THE JOURNEY TO AUTHENTICITY

## Self On

진정성의 여정 • Self On

제2부

진정성으로 가는 일곱 개의 관문

"오늘날, 인간을 고통스럽게 만드는 것은 자신들이 도달할 수 없는 이상적인 수준을 사회가 강요하기 때문이 아니다. 그런 이상의 부재이다. 품위 있는 삶을 살 수 있는 분명한 방법, 확고하고 안정된 지향점, 삶의 여정에서 예측 가능한 목적지의 결핍이 원인이다."

-지그문트 바우만 [30]

# 세 가지 선택

한 기업의 CEO로부터 임원 중에 한 사람을 코칭 해달라는 부탁을
받은 적이 있었다. 코칭을 하기 전 나는 그 임원의 리더십 역량에 대한
다면평가와 주변인의 인터뷰 정보를 수집했다. 다른 사람들의 눈에 비
친 그의 리더십은 과업에 관한 한 남과 비교되지 않는 탁월한 능력을
갖추고 있었지만, 사람에 대한 관심은 거의 제로에 가까웠다. 그는 좋
은 학벌을 갖추고 있었고 영민했으며 사내 최고의 전략가라는 평판이
자자했다. 하지만 주변 사람들의 증언에 의하면 그는 자주 화를 내고
감정을 조절하지 못하며 사람들에 대한 배려와 관심이 거의 없었다. 사
람들은 그와 함께 일한다는 사실에 분노와 좌절감을 느끼고 있었다.

나는 첫 만남에서 내가 모은 정보를 그에게 전해주었다. 그는 내 이
야기를 조용히 앉아 듣더니 고개를 떨구고 갑자기 눈물을 흘리기 시작
했다. 나는 이 고위직의 중년 남자가 비록 자신의 방이긴 했지만, 거의

무방비 상태로 사무실에서 울고 있다는 사실에 당황하지 않을 수 없었다. 사연이 있겠거니 생각하고 나는 그가 그냥 울도록 내버려 두었다. 조금 시간이 지나자 그는 눈물을 훔치며 천천히 입을 열었다.

"나는 지금 너무 억울합니다. 이 자리에 오기까지 회사는 내게 단 한 번도 '좋은 사람이 돼라', '좋은 리더가 돼라'라고 말한 적이 없었습니다. 대신 '더 많은 성과를 내라', '더 열심히 해라'라고만 말해왔을 뿐입니다. 나는 밤잠을 설치고 휴일을 반납해 가며 헌신적으로 이 회사를 위해 일해 왔습니다. 누구보다 높은 성취를 이루었습니다. 제가 이 자리에 있는 것은 바로 그 때문입니다. 그런데 이제 와서 제 리더십이 문제라니요? 너무 분하고 억울합니다. 회사가 저를 이렇게 생각할 줄은 꿈에도 몰랐습니다."

그는 나와 주어진 시간을 다 채우지 못하고 감정을 이기지 못한 채 그만 자리에서 일어서고 말았다. 나는 그가 앞으로 나와의 만남을 거부할지도 모르고, 또 자신이 입은 상처를 쉬이 극복하지 못할 것 같다는 생각에 걱정이 들기 시작했다. 그리고 다음 주가 되어 내가 다시 그를 찾아갔을 때 생각보다 그는 훨씬 편안한 얼굴을 하고 있었다. 나는 한 주간 그에게 있었던 일에 이야기해 달라고 말했다. 그는 한 주간의 경험을 조용히 털어놓았다.

"그날 바로 회사 밖으로 나가 대낮부터 술을 마셨습니다. 주중 내내 마음을 추스를 수 없었죠. 밤마다 연일 술을 마시지 않으면 잠을 잘 수 없었습니다. 몇몇 동료들에게 제 신세를 한탄했습니다. 그리고 미국에 있는 아내와 가족들을 생각하니 마음이 미어졌습니다. 근 30년의 직장

생활을 내가 대체 무엇을 하며 지낸 것인지 후회가 밀려왔습니다. 처음엔 분한 마음이 좀처럼 가시지 않았지만, 주중 곰곰 생각해 보니 나에게도 문제가 있다는 것을 부인할 수 없더군요. 솔직히 나는 사람들을 제대로 이해하거나 그들을 따뜻하게 배려하지 못했습니다. 그런 것이 중요하다고 생각한 적이 없었습니다. 직장인이라면 일을 통해 자신을 증명하는 것이 전부라고만 생각해왔습니다. 지금 제게 문제가 있다는 것은 알겠습니다. 하지만 이 나이에 제가 과연 변할 수 있을까요? 솔직히 지금은 어디서부터 무엇을 해야 할지 모르겠습니다."

나는 그의 마음을 십분 이해할 수 있는 것은 아니었지만 지금이야말로 변화의 중대한 순간이라는 것을 직감했다. 그의 말은 자신의 문제를 인정하고 있으니 정말로 변화하고 싶다고 애원하는 것처럼 들렸다. 나는 지금 현재 마음 속에서 일어나는 생각과 감정들을 천천히 정리한 뒤, 구성원들에게 있는 그대로 지금의 마음을 표현하는 것이 변화의 시작이라고 말했다. 그는 내 말에 이내 고개를 절레절레 흔들었다. 자신은 그런 말을 해본 적이 없으며, 또 창피하게 어떻게 그런 말을 할 수 있느냐고 말했다. 나는 그럴 수 없다면 그냥 편하게 지금의 생각과 감정을 글로 적어보라고 주문했다.

다시 한 주가 지나고 나서 그는 용감하게 자기 생각을 직원들에게 메일로 전했다. 메일 속에서 그는 자신의 과오 하나하나를 털어놓았다. 약점, 실수, 자만을 인정하고 용서를 구했다. 나는 그의 메일을 읽으며 그가 진심으로 새로워지고 싶어 한다는 것을 다시 한번 느낄 수 있었다. 뜻밖에도 그의 메일을 받은 구성원들은 자신의 상사가 새롭게 변화하고자 한다는 사실에 아낌없는 응원을 보내주었다. 나도 그의 용기 있는 행동에 큰 감명을 받았다.

리더십을 발휘하는 일은 다른 사람을 리딩 하는 일이 아니다. 자신의 과오를 인정함으로써 자신을 리딩 하는 것이다. 많은 사람은 세상과 남을 탓하거나 혹은 현재의 억압적 구조에서 벗어나고자 애쓴다. 하지만 그렇다고 해서 삶과 자신을 변화시킬 수 있는 것은 아니다. 그것은 마약을 투여하듯 고통을 잊고 쾌락으로 도피하는 것 이상이 아니다.

## 세 가지 선택

경영학자 로버트 퀸(Robert E. Quinn)은 삶에 세 가지 선택이 있다고 말한다.[30] 첫 번째 선택은 '무사안일(peace and pay)'이다. 삶이 무슨 대수냐며 체념한 듯 주어진 일상을 그냥 견디는 것이다. 이런 사람들은 자신이 하는 일에 별다른 의미나 희망을 느끼지 못하고 무력감에 빠져 있다. 사람들이 저지른 일로 인해 자신은 대체로 피해자라고 생각한다. 현재의 상황은 내 책임이 아니니 다른 누군가가 이 상황을 해결해야 한다고 주장한다. 이들은 좋은 일이 생길 때까지 넋두리하는 것 외에 달리 선택의 여지가 없다. 이들은 종종 순간순간의 즐거움에 도취되어 삶을 소비한다. 하지만 그들의 삶은 개선되지 않는다.

한 번은 한 기업의 세미나에 초청 강사로 참여했을 때였다. 담당자는 내 강연이 있기 전, 앞 시간의 일을 걱정스러운 마음으로 내게 귀띔

해 주었다. 앞 시간에 CEO의 특강이 있었는데 최근 회사의 경영악화로 인해 CEO는 시종 간부들을 질책했다는 것이다. 세미나장의 분위기가 험악할 것이니 그 점을 고려해 달라는 것이었다. 나는 강의를 시작하며 참가자들의 눈빛을 살폈다. 내 이야기를 시작하느니 앞서 CEO가 했던 강연과 같은 맥락에서 이야기를 시작하는 것이 좋을 것 같아 '현재 당면하고 있는 우리 조직의 문제가 무엇이냐?'고 물었다. 사람들은 대체로 현재 상황을 돌파하기 위한 새로운 전략이 필요하다는 것에 공감했다. 하지만 시간이 지나면서 그 원인이 무엇이고, 구체적으로 어떤 대안과 변화가 필요한 것인지를 물었을 때는 뜻밖에도 그들의 답은 상투적이고 안일했다. 산업의 구조적 특성이 그러하고, CEO가 위기라고 규정했기 때문이며, 좀 더 분발해야 한다는 것이 고작이었다. 나는 그들의 말과 태도 속에서 회사에 대해 극도의 냉소가 있다는 것을 금방 읽을 수 있었다.

세미나가 끝나갈 무렵, 담당자는 참가자들에게 일제히 백지를 나누어 주었다. 그리곤 CEO의 요청사항이니 현재 상황을 돌파하기 위한 세 가지 약속을 적고 거기에 서명하라고 주문했다. 나는 강의장을 떠나면서 사람들이 적는 내용을 슬쩍 들여다보았다. 참가자들은 대부분 답을 찾듯이 교재를 뒤척이며 그럴듯한 말들을 옮겨 적느라 정신이 없었다.

어떤 직장인들은 신체적으로뿐만 아니라 정신적으로 죽어간다. 자기 삶을 능동적으로 선택하고 주도할 수 있다는 믿음을 저버린다. 왜 그럴까? 그들은 자기 내부에 그 원인이 비롯되고 있음을 알지 못하고 자신을 배반한다.

"굳이 그럴 필요가 있나요?"

"하던 대로 하죠."

"그런다고 뭐가 달라지나요?"

"긁어 부스럼을 만들지 맙시다."

두 번째는 '적극적 탈출(active exit)'이다. 적극적 탈출을 택한 사람들은 언제든지 떠날 채비를 한다. 이들은 평소에 틈틈이 자기를 개발하고 실력을 쌓고 경력을 관리한다. 언뜻 보면 무사안일과는 달리 적극적으로 자기 삶에 책임을 지고 있는 것처럼 보이지만, 무사안일과 별반 다르지 않다. 이들은 자신의 커리어에 초점을 맞추고 타인과 공동체에 대해서는 등한시한다. 문제를 악화시킨 책임을 타인에게 돌려놓고 조직의 붕괴를 방관하고 있다가 새로운 조직으로 떠나 버린다.

"몇 년만 버티다가 나갈 겁니다."

"제가 그런 책임을 질 필요는 없죠."

"각자 자신의 역할에 충실해야지 남에게 의존하는 것은 옳지 않습니다."

이들은 문제에 맞서 돌파구를 찾는 것이 아니라 침몰해 가는 배에서 빠져나오는 데에 관심을 기울인다. 그러나 이들은 빠져나와 찾아낸 새로운 곳이 이전의 곳과 다르지 않다는 것을 깨닫지 못한다. 문제는 반복되고 해법은 되풀이된다.

내가 아는 한 직장인은 자신의 실력을 믿고 자주 직장을 옮겼다. 헤드헌터들로부터의 유혹을 이기지 못하고 더 높은 연봉을 찾아 철새처럼 이동했다. 경력 초기에 몇 번은 높은 직책, 높은 연봉을 얻었다. 하지만 다시 몇 년 지나자 그의 평판은 나빠졌고, 결국 더 이상 승진하지 못하고 무능한 사람으로 낙인 찍혔다.

세 번째는 '근원적 변화(deep change)'라는 선택이다. 근원적 변화는 과거의 타성, 타인의 요구나 압력에 의존하지 않고 자신의 정체성을 근본적으로 바꾸어 가려는 선택이다. 안락한 대지를 떠나 신념을 가지고 자신을 불확실성의 세계에 던져 놓는 일이다. 사람들은 무사안일이나 적극적 탈출이 최선의 대안이 아니라는 것을 알고 있더라도 쉬이 이 근원적 변화를 택하지는 못한다. 그것은 자신의 기만, 위선, 용기 없음을 정직히 인정해야 하기 때문이다.

사람은 누구나 자신이 어리석고 용기 없는 사람이라는 것을 인정하고 싶어 하지 않는다. 우리는 자기 생각, 가치관이 무너지는 것과 같은 자기부정의 사건을 회피하도록 프로그래밍이 되어 있기 때문이다. 진정성 있는 삶은 산다는 것은 거짓이 될 수밖에 없는 자신을 연민하는 것이다. 그리고 그런 자신을 용서함으로써 두려움을 무릅쓰고 자신을 미지의 세계로 내보내는 것이다. 자아의 이상, 진정성을 실현하길 원한다면 우리는 그 미지의 관문으로 들어가 배움을 멈추지 않아야 한다.

1부에서는 우리 삶을 거짓으로 만드는 세가지, 불안, 권력, 이기심을 다루었다. 2부에서는 진정성 있는 삶을 실현하기 위한 일곱 가지 의식의 관문을 검토할 것이다. 불안이 분열된 자아를, 권력이 조작된 자아를, 이기심이 뒤틀린 자아를 조장하며 자아의 이상을 방해했음을 자각한다면, 일곱 가지 관문은 진정성을 만들어 가기 위한 성찰의 단서를 제공할 것이다.

첫 번째 관문

# 성숙
## 여정으로서의 진정성

진정성을 찾아가는 일은 어딘가에 있는 목적지에 도달하는 일이 아니다.
그것은 의식을 더 넓히고, 더 깊게 하여 자신을 성숙시키는 일이다.
성숙하면 자신과 삶을 더 사랑할 수 있다. 자신을 온전하게 체험할 수 있다.

## 진정성의 세 가지 차원

'진정성이 있다'라는 말은 일차적으로는 겉과 속이 다르지 않다는 것이고, 이차적으로는 '자신이 누구인가?'와 관련한 질문에 따라 그에 합치된 삶을 살아가는 일이다. 그때 우리는 자신에게는 '나답다'는 체험을, 타인에게는 '진정성 있다'는 정서적 체험을 제공한다 이 '진정성 있다'라는 느낌은 세 가지 차원에서 비롯된다.

첫 번째는 내적 모순이 없을 때다. 영문학자 라이오넬 트릴링(Lionel Trilling)은 그의 저서 〈성실성과 진정성〉에서 성실성과 진정성의 두 개념을 구분한다. 성실성(sincerity)은 공적 성격을 가진 것으로 '타인에 대한 진실함(true to others)'을, 진정성(authenticity)은 사적 미덕으로서 그 '자신에 대한 진실함(true to oneself)'을 의미한다.[31] 이 말에 따르면 성실한 사람은 반드시 진정성이 있다고 말할 수는 없지만, 진정성 있는 사람은 언제나 성실하다고 말할 수 있다. 성실성은 타인과의 관계 속에서 만들어진 일종의 가면인데 반해, 진정성은 절대 고독의 순간에서조차 자신을 속이지 않는 내적 진실함이다. 그래서 전자는 연기와 조작이 가능하고, 후자는 연기와 조작이 없다. 겉과 속이 다르지 않을 때, 혼자 있을 때조차도 자기다움이 체험될 때가 바로 진정성이다.

두 번째는 일관성을 경험할 때다. '일관되다'는 것은 시간에 걸쳐 지속적으로 한결같다는 것이다. 우리는 끊임없는 경험적 사건들을 통해 시시각각 변해가는 존재다. '어제의 나'와 '오늘의 나'가 다르고, 또 '내일의 나'가 다르다. 변해가고 있는 자기 모습에도 불구하고 그것이 하나의 목적지를 향해 일관된 스토리를 가지고 있다고 느낄 때, 우리는 진정성을 체험한다. 스토리가 그러하듯, 삶이 전후 관계가 없고 개연성 없는 사건들로 가득 차 있으며 의미로운 결말이 없다고 느낀다면, 감동도 믿음도 진정성에 관한 체험도 느낄 수 없을 것이다. 일관되다는 것은 자신에게는 안정된 지향점을 제공하고, 타인에게는 굳건한 신뢰의 근거가 된다.

세 번째는 통합되어 있음을 경험할 때다. 일관성이 시간적 규합성을 의미한다면 통합성은 공간적 규합성을 의미한다. 다양한 삶의 공간에서 보이는 자신의 모습들이 혼돈과 충돌이 없을 때, 하나의 지향점으로 수렴되어 분열이 없을 때, 우리는 진정성을 체험한다. 직장, 가정, 단체, 동호회 등에서 서로 갈등하는 역할기대가 있고, 이 역할들이 조화를 이루지 못한다면 우리의 자아 감각은 분열된다. 극도의 스트레스를 경험하며 그때그때 파편적인 자아를 체험한다. 당연 혼돈과 불안이 증가한다. '워라벨'에 대한 아우성은 일과 삶이 한 차원 높은 지향점에서 통합

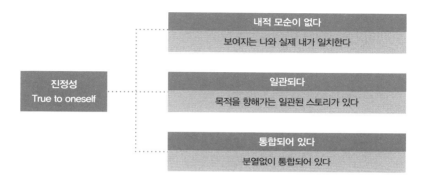

그림 4. 진정성의 세 차원

진정성
True to oneself

내적 모순이 없다
보여지는 나와 실제 내가 일치한다

일관되다
목적을 향해가는 일관된 스토리가 있다

통합되어 있다
분열없이 통합되어 있다

되어있지 못하다는 반증이다. 진정성 있다는 것은 단순한 균형(balance)이 아니라 통합(integration)을 의미한다.

우리는 과거가 내어놓은 의미들과 미래가 열어주는 비전들 사이에서, 그리고 다양한 삶의 공간들이 변주하는 파노라마 속에서 오늘 현재를 살아간다. 진정성 있는 삶을 살려면 내적 모순이 없고 일관된 스토리 속에 다양한 역할들을 하나로 통합해야 한다. 그것은 자기다움을 찾아가는 자아의 이상이다. 자기모순과 한계를 인정하며 삶의 좌표인 목적(Purpose)을 찾아가는 여정이다. 자신이 누구인지(self-awareness), 그리고 어떻게 살아야 하는지(self-regulation)를 성찰하고 고뇌하는 것이다.[32] 세상에 대한 인식을 확장하면서 삶을 보다 자유롭고 행복하게, 의미있게 만들어가려는 실험이다. 이 실험의 결과는 매우 주관적일 수밖에 없는 진정성의 블랙박스를 열고, 삶의 '진실(眞實)'을 보여준다. (진정성이 명백한 사실로 드러날 때 그것은 진실이 된다.)

# 진정성의 첫 번째 관문, 성숙

진정성 있는 삶을 살고자 할 때 생각해야 할 첫번째 관문은, 진정성을 '되어감(becoming)', 즉 성숙의 과정으로 이해하는 것이다. 여기에 비법이 있을 리 만무하다. 만일 비법과 요행을 기대한다면 그것 자체가 이미 진정성에 대한 배반이다. 진정성은 열매를 수확하는 일이 아니라 하나의 씨앗을 커다란 나무로 키워내는 일이다. 성숙은 세상을 바라보는 인식 틀이 바뀌면서 이전과 달리 더 복잡하고 고도화된 관점으로 세상을 바라보게 되는 의식의 발달과정이다.[33]

하버드 대학의 심리학자 로버트 케간(Robert Kegan)은 성숙을 세상을 이해하고 해석하는 방식, 즉 한 개인의 '의미 체계(meaning system)'가 질적으로 전환(transform)되는 것이라고 말한다.[34] 의미 체계가 전환된다는 말은 특정한 지식과 기술을 쌓는 것과는 별개로 삶의 어느 한 국면에서 세상을 바라보는 가치관, 인생관이 탈바꿈되는 과정을 의미한다. 단순히 새로운 정보가 유입되어 축적되는 수준이 아니라, 세계관의 일대 변화가 일어나는 체험이다. 그 결과, 세상을 바라보는 관점, 태도, 이해가 이전보다 훨씬 복잡하고 고도화된다. 난해한 과제를 마주할 때 우리는 이전의 관점과 관행으로는 더 이상 해결할 수 없다고 느낀다. 그때 문제상황에서 한걸음 물러나 종래의 관점과 관행을 회의하고, 새로운 방식과 대안을 모색하지 않으면 안 된다. 이 과정을 포기하지 않는다면 우리의 의식은 확장되고 심화되며 다층적으로 변모한다. 의식의 넓이, 깊이, 높이가 달라지면서 새로운 관점, 이해력이 생겨난다. 이것이 성숙이다.

성숙은 누군가와의 레이스가 아니다. 우리는 각자의 방식으로 자기의식을 발달시키는 프로세스에 참여한다. 다만 어느 국면에서 보다 성숙한 단계로 옮겨가지 못한다면 우리는 문제를 효과적으로 해결할 수 없고 어리석음을 반복한다. 미숙함에 머물 수도 있고, 더 높은 성숙의 단계로 나아갈 수도 있다. 그것은 각자의 선택이다.

심리학적 연구결과에 빗대어 보면 성숙의 단계는 네 단계로 분류할 수 있다. 첫 번째는 '자기중심적 단계(self-sovereign mind)'다. 일반적으로 아동기나 청소년기의 모습에 해당한다. 이 단계에 머물러 있는 사람들은 자기 생존에 집착하기 때문에 자신의 욕망과 감정을 앞세운다. 타인의 욕망과 감정은 자신의 욕망을 충족시키는 범위 안에서만 허용된다.

"내 맘대로 할 겁니다."

"다른 사람들은 필요 없어요"

다음은 '사회적 단계(socialized mind)'다. 모든 성인이 이 단계로 진입하는 것은 아니다. 케간의 연구에 의하면 성인들의 43~46%가 이 단계에 있다. 이 단계에 있는 사람들은 자기중심적 단계에 벗어나 있긴 하지만, 사회적 요구에 매여있다. 예를 들어, 가족, 직장, 또는 어떤 이데올로기를 떠받들고 여기에 맞추어 자신의 욕구를 억압한다. 이들은 자신이 가지고 있는 생각을 자기 자신과 분리하여 객관화하지 못한다. 권위자의 생각, 감정, 견해를 무비판적으로 모방하고 수용한다.

"어떻게 그분의 뜻을 거역하나요?"

"하라는 대로 해야죠"

이 단계에 있는 사람들은 자신이 추종하는 이데올로기, 제도, 사람들 사이에 갈등이 발생했을 때 독자적인 판단을 하지 못한다. 더 큰 권위자의 생각에 의존하고 있기 때문에 자신의 고유한 생각을 발달시키지 못한다. 책임 있고 독립적인 개인으로 행동하지 못하고 주변 사람들의 인정과 승인을 기다린다. 학생이라면 좋은 점수나 선생님의 칭찬에 의해서, 직장인이라면 상사나 조직의 평가에 의해서 자기 존재감을 경험한다. 외부 권위자의 지속적인 승인이 없다면 자기 자신을 신뢰하지 못한다.

사회적 단계에 있는 사람들은 서로 다른 역할 기대를 효과적으로 통합하지 못한다. 내가 알고 있는 한 직장인은 이 단계의 전형을 보여준다. 그는 책임감 있고 열심히 일하는 직장인이었다. 커리어를 위해 야간 대학원을 졸업했고 자기개발과 관련한 강좌, 독서토론 등에도 열정적으로 참여했다. 하지만 그는 회사에서 긍정적인 평가를 받지 못할까 봐 두려워한 나머지 자신이 원하는 것을 계속해서 뒷전에 미루었다.

"지금은 완전히 망가진 기분입니다."

회사로부터 권고사직 통보를 받았을 때 그는 당혹감을 감추지 못했다. 그리고 여전히 다른 사람들의 지시나 조언이 없이는 어떤 것도 주체적으로 결정하지 못했다. 좀 더 성숙한 다음 단계로 나아가지 못한다면 무엇을 해야 하는지, 자신이 누구인지조차 다른 사람에게 묻지 않으면 안 된다.

세 번째는 '주체적 단계(self-authored minds)'다. 이 단계는 성인들의 약 18~34%가 해당된다. 이 단계의 사람들은 이데올로기, 제도들을 객관화할 수 있는 능력을 가지고 있다. 당연하게 여기고 있었던 이데올로기, 제도를 대상화하여 의문을 품고 이를 비판, 평가할 수 있다. 환경과 독립된 자기만의 고유의 생각과 정체성을 가지고 삶의 주체자(author)로서 행동한다. 남이 써준 대본이 아니라 자기만의 대본을 가지고 살아간다. 자신만의 신념을 구축하고 있기 때문에 자신과 다른 신념을 가지고 있는 사람들과도 이를 비교하며 개방적으로 토론할 수 있다. 나는 이 단계가 비로소 자기 진정성을 향한 첫걸음을 뗀 것이라고 생각한다.

하지만 이 단계에 있는 사람들은 자기 의미 체계 내부에 결함이 생겼을 때 한계에 직면한다. 예를 들어 회사일과 가정일로 삶의 균형을 맞추지 못하고 있는 직장인이 있다고 해보자. 이전 단계의 직장인은 직장과 가정을 대결구도로 이해하기 때문에 이 둘 사이에서 더 중요하다고 생각하는 것을 선택하고 다른 것을 포기해 버린다. 주체적 단계의 사람들은 보다 좋은 직장인이 되는 일과 보다 좋은 부모가 되는 일이 모두 가치 있음을 잘 알고 있다. 그리고 바로 그 점에 때문에 어떤 것도 함부로 결정하지 못하며 내부 갈등을 경험할 수 있다. 서로 다른 요구들로 인해 빚어진 갈등이라기보다 자기 내부에 상반된 두 개의 중요한 가치가 충돌하기 때문에 경험하는 갈등이다. 안정과 변화, 감성과 이성, 단기와 장기, 보수와 혁신, 남성성과 여성성 등이 대립하지만 이 둘을 더 큰 목적과 원칙으로 통합하지 못한다.

내가 아는 한 회사의 팀장은 자신의 업무에 관한 한 유능한 사람이었다. 어느 날 자신의 구성원이 영업수주를 하는 과정에서 회사 규정을 어긴 부도덕한 일에 휘말렸고 그 때문에 어려움을 토로했다.

"사실 그런 일이 일어났을 때 너무 화가 났고, 그 사람에 대해 실망감이 들더군요. 하지만 최대한 감정을 자제하고 화를 내는 대신, 내가 얼마나 실망했는지를 이야기해 주었습니다. 큰 좌절감이 들었고, 이로 인해 많은 손실이 발생했다는 사실을 이야기했죠. 하지만 지금 저는 이 일이 있고 난 후에 근본적으로 내가 좋은 리더가 될 수 있는지 그리고 장차 어떤 리더가 되어야 하는지는 잘 모르겠습니다."

그는 자신의 분노와 공적 책임을 명확히 구분하여 현명하게 대처하긴 했지만, 근본적인 자기 의심을 버리진 못했다.

성숙의 최종 단계는 '변혁적 단계(self-transforming mind)'다. 나는 이것이 진정성의 여정이 추구해야 할 단계라고 생각한다. 성인들 중 이 단계에 있는 사람들은 3~6% 정도다. 이 단계의 사람들은 내부 갈등을 통합할 수 있는 삶의 이상과 목적을 가지고 있고, 이것들과의 갭을 좁히기 위해 부단히 노력한다. 그래서 자기 한계를 인정하는 겸손한 태도를 보인다. 자신이 얼마든지 결함이 있을 수 있다는 사실로부터 항상 배우려는 마음의 자세를 잃지 않는다. 소크라테스는 그리스의 거리를 떠돌며 스스로 무지한 자임을 깨달을 때 현자가 된다고 말했다. 이들은 특정 이데올로기나 자신만의 이데올로기에 빠져있지 않고, 새로운 가능성을 향해 자신을 열어놓고 소통한다. 이들의 이상과 목적은 그래서 세상의 변화에 함께 공진화한다.

이 단계의 사람들은 이원론에 빠져있거나 한쪽 극단에 치우지는 법이 없다. 흑백의 사건조차 어둠과 밝음의 다양한 층위를 바라보며 역설과 대립을 통합한다. 이데올로기, 제도, 사람들 간의 다양성과 모순은 상호 갈등하는 것이라기보다 변증법적으로 통일될 수 있다고 믿는다. 이 단계의 사람들은 누구나 자신의 고유한 가치에 따라 스스로의 역사를 구성해 가는 인격적 존재라는 사실을 인정한다. 자신이 그들과 상호 의존적으로 결속된 존재라는 사실로부터 타인에 대한 긍휼감을 발휘한다. 삶의 가치, 철학을 확신하면서 동시에 그 불완전성과 한계를 인식하고 스스로를 변혁해 간다.

　네 개의 단계가 삶의 모든 국면을 설명하는 것은 아니다. 또 우리의 자아가 어떤 발달 단계에 고정되어 있다고 단정하기도 어렵다. 그보다 우리는 이 단계들을 계속해서 오르락내리락하고 있는지도 모른다. 다만 진정성 있는 삶을 살고자 한다면 우리 앞에 나타나는 과제들과 맞서 자신을 성숙시켜 가는 일을 멈추지 않아야 한다. 무사안일, 적극적

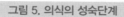

**그림 5. 의식의 성숙단계**

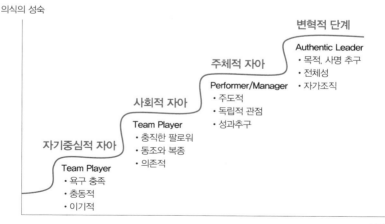

탈출 같은 전략들은 성숙을 외면하는 도피 행각이다. 그것들은 성숙을 거부하고 스스로를 영영 미숙아로 방치하는 심리적 투정이다.

## 성숙의 장애

조직 변화와 관련한 세미나를 진행하고 있을 때 한 관리자가 말했다. "저 혼자 어떻게 그런 일을 할 수 있나요? 윗분들은 전혀 변화의 의지가 없는데……. 제겐 그런 권한이 없습니다."

이런 말은 내가 세미나장에서 가장 흔하게 듣는 레퍼토리다. 이런 말이 나오면 사람들은 이구동성으로 이 말에 힘을 보태기 시작한다. 최고경영자쯤 되어야 문제를 해결할 권한이 있다는 것이다. 내 경험에 의하면 이런 말을 하는 사람들은 조직의 중간관리자들만은 아니다. 최고경영자도 별반 다르지 않다. 그들 역시 주어진 환경과 자원의 부족, 그리고 자신의 말을 따르지 않은 구성원들 때문에 한탄하기는 매한가지다.

왜 우리는 이런 의식에 사로잡혀 있을까? 터득한 처세였을까? 넘을 수 없는 어떤 장애를 확인했기 때문일까? '현실'은 체감되는 명백한 사실이고 더 이상 의문의 여지가 없기 때문일까? 아니면 우리 뇌가 새로운 결론을 찾기에는 역부족이어서 숏컷(short-cut)의 결론을 선호하기 때문일까? 그도 아니면 자신이 감당할 수 없는 것에 대해 아예 눈을 감아버리는 편의성 때문일까? 나는 이런 말을 할 수밖에 없는 상황적 조건을 무시할 마음은 추호도 없지만, 이 같은 '현실론'을 신봉하는 우리들의 의식 안에는 성숙에 대한 저항, 즉 미숙아로 남으려는 강력한 힘들이 있다고 생각한다.

'현실'이란 무엇일까? 우리가 현실 운운할 때 우리 안에는 두 가지 암묵적 가정이 도사리고 있다. 하나는 '지금 나는 온갖 모순과 제약으로 가득 찬 공간 안에 갇혀있다'라는 자백이고, 다른 하나는 그럼에도 '여전히 지금 이곳은 안전하다'는 항변이다. 현실은 모순과 제약이 많지만 그럼에도 견딜만한 안락한 궁전이다. 우리는 이 안에서 패턴화된 의식과 행동을 반복하면서 불편을 최소화한다. 하지만 궁전 밖의 세상은 불확실성과 두려움으로 가득 찬 덤불숲이다. 밖이 두려움으로 인식될수록 궁전은 더욱 안전한 공간이 되고, 우리는 구태여 이 궁전을 벗어날 필요가 없다. 이때 궁전 안에 계속 머무르려면 궁전 밖의 세계를 '비현실'이고 '이상적'인 것으로 치부해야 한다.

"비현실적입니다."

"너무 이상적이에요"

이 말은 너무 강력해서 우리 안의 모든 힘들이 의식 깊숙이 파고들어 현실만을 가장 명백한 것이라고 믿게 한다. 그러면 현실은 벗어날 수 없는 감옥이 되고, 우리는 그 감옥마저 가장 안락한 곳이라는 망상을 갖는다. 이것이 의식의 성숙을 가로막는 우리 내면의 음모다. 손쉽게 의식의 성장을 장담하는 것은 금물이다. 현실의 어떤 변수들은 우리의 상상을 뛰어넘고, 우리를 충분히 제압할 만큼 치밀하게 구조화되어 있기 때문이다.

# 생각의 아지트

어떻게 해야 할까? 방법은 이를 전복할 수 있는 반전의 공간이 필요하다. 불행한 운명을 새로운 희망으로 전환시킬 수 있는 공간, 현실로 인해 체념하지 않으면서 그 현실을 뛰어넘을 수 있는 '혁명의 공간', 나는 이를 '생각의 아지트'라 부른다.

진화의 관점에서 보면 성공적인 삶은 적응력에 달려있다. 적응력이란 자신의 경험과 생각을 통제하면서 문제를 헤쳐 나갈 수 있는 대안을 발굴하는 능력이다. 생각의 아지트가 있다면 우리는 질문하고, 의심하고, 상상하고, 반추하고, 비교하고, 추상하며 새로운 가능성을 찾을 수 있다. 자신을 옭아매고 있는 현실에서 한걸음 물러서 이전에 없던 가정을 실험하고 적용할 수 있다. 같은 행동을 되풀이하지 않으면서 자원을 끌어당기고, 없던 기회를 발굴하고 재능을 일깨울 수 있다. 이 공간을 통해서만 우리는 진화한다.

경험에 대한 해석이 우리 삶을 구성하고 있다는 것을 이해한다면, 생각의 아지트는 현실과 대립하는 생각을 배태하고 삶을 창조적으로 변화시키는 진원지 역할을 한다. 로버트 스트라우드(Robert Stroud)는 폭력을 행사하는 아버지에게서 벗어나기 위해 집을 나와 열여덟 살에 포주가 되었다. 1909년, 자신의 매춘녀를 공격하는 바텐더를 총으로 살해하고 12년을 선고받아 투옥되었다. 투옥 내내 다른 죄수들과 다투며 말썽을 부렸고, 1916년 간수를 살해하면서 종신형을 선고받았다. 그는 거의 평생을 독방에서 격리된 채 살았다. 그러던 어느 날 쓸쓸히 운동장을 거닐다 새 한 마리를 발견했다. 그는 새에 관해 관심을 기울였고 교도소장의 도움으로 감옥에서 새를 키우며 새에 관한 연구를 했고, 조류병 치료 약을 개발했다. 1933년 그가 출간한 〈카나리아의 질병〉은 마침내 그가 조류 분야 최고의 권위자 중의 한 사람임을 증명하는 사건이 되었다. 그가 감옥의 죄수였다는 사실은 뒤늦게 세간의 사람들을 놀라게 했다.

사람들은 자주 내게 묻는다.

"사람이 정말 변할 수 있나요?"

나는 이런 사람들에게 항상 말해준다. "누구도 당신을 변화시킬 수 없습니다. 하지만 분명한 것은 당신은 생각을 선택함으로써 당신 자신을 변화시킬 힘이 있습니다." 자신의 현실감각과 존재 방식을 문제 삼고 자신을 창조적으로, 미학적으로 변화시켜가고자 결단한다면 우리는 변화를 시작한다. 성숙은 이런 통찰에서 피워내는 꽃이다. 찰스 귀논은 이렇게 말한다. '진정성 있는 개인이 된다는 것은 자신이 처해있는 사회적 맥락으로부터 무엇이 중요한 것인지를 확인할 수 있는 반성적 개인이 되는 능력'[35]이라고.

✛

진정성 있는 삶이란 자신의 목적, 가치를 확고히 하고(self-awareness), 내적 모순을 없애며, 일관되고 통합된 삶을 만들어 가는 과정(self-regulation)이다. 그러려면 자신을 창조적으로 변화시켜 갈 수 있는 생각의 아지트, 즉 성숙의 공간을 가져야 한다.

삶이 그러하듯 성숙은 언제나 진행형이다. 우리는 성숙을 향해가는 불완전한 존재다. 실수하고, 실패도 할 것이다. 경우에 따라 오류를 저지르고 오판도 하게 될 것이다. 하지만 실수와 실패, 오류와 오판에도 불구하고 매번 성숙의 과정에 있다면 우리는 이미 진정성의 여정에 들어선 것이다.

1 우리가 어떤 사람이 '진정성 있다'라고 할 때 그 근거는 무엇인가? 이를 바탕으로 자신의 언어로 '진정성'을 정의해보자. 이 진정성이 자신의 삶에 왜 중요한지 설명해보자.

————————————————————————————————

2 자신의 진정성이 사람들에게 인정받지 못한 순간이 있었는가? 무엇 때문인가? 어떻게 해야 이를 가능하게 할 수 있는가?

————————————————————————————————

3 진정성 있다(authentic)는 자기 자신에게 진실하다는 것이다. 다음은 질문들에 '예'라고 답할 수 있는지 검토해보자. 이 질문들을 통해 "예"라고 할 수 없는 것들이 있다면 그 이유는 무엇인가? 이 질문을 통해 발견한 것은 무엇인가?

① 사람들이 내 속마음을 안다면 그래도 지금처럼 변함없이 나를 대할 것으로 생각하는가?

② 지금의 어떤 수고, 봉사를 다른 사람들이 전혀 알아주지 않아도 그 일을 계속할 수 있는가?

③ 부모, 가족, 직장, 사회의 기대를 뿌리치고 마음속 자아의 힘만으로 삶을 살아갈 용기가 있는가?

④ 지위, 명성, 성취, 부 같은 사회적 가치를 포기하고도 전혀 불안하지 않을 삶의 가치가 있는가?

⑤ 지난날의 상처, 아픔, 실패에도 있는 그대로의 내 모습을 깊이 사랑하는가?

⑥ 상대의 불신, 배신, 기대의 못 미침에도 불구하고 상대를 있는 그대로 인정하고 수용할 수 있는가?

⑦ 자신을 돌보는 모든 일이 궁극에는 타인에 대한 어떤 책임과 의무로 나아간다는 것을 깊이 이해하는가?

⑧ 외로움과 고독, 깊은 침묵에도 이를 뿌리치지 않고 담담히 음미할 힘이 있는가?

⑨ 삶의 한계, 제약, 부조리에도 불구하고 불평 없이 거기서 배울 의지가 있는가?

⑩ 오늘이 삶의 마지막 날일지라도 깊은 마음의 평화와 안식을 느낄 수 있는가?


4  진정성이 특정한 지식이나 기술 같은 비법을 장착하는 일이 아니라 성숙의 과정이라는 점에 공감하는가? 앞의 네 단계에 비추어 볼 때 스스로 성숙의 어느 단계를 지나고 있다고 생각하는가? 그 이유는 무엇인가?

_____


5  지금의 현실이 제약과 한계로 가득 차 있는 공간이 아니려면 생각의 아지트가 필요하다. 당신에게 있어 생각의 아지트는 있는가? 없다면 어떻게 마련할 수 있는가? 어떤 일을 시작해야 하는가?

_____

# 2

두 번째 관문

# 죽음
## 진실을 마주하는 순간

인생 최고의 스포일러는 '누구나 죽는다'는 사실이다.

인간 실존의 가장 확실한 이 사건은 우리를 진정성의 여정에 들어서게 한다.

그때 우리는 삶의 가치와 의미를 묻고 보다 진실한 삶을 생각한다.

## 진정성의 두 번째 관문, 죽음

톨스토이의 소설 〈이반 일리치의 죽음〉에서 주인공 이반 일리치는 남부럽지 않게 유복한 삶을 살아가는 판사다. 그는 상류층의 교양 있는 사람으로서 좋은 평판을 유지하기 위해 성실히 노력했다. 그래서 고등 법원 판사가 되었고 상트페테르부르크의 멋진 아파트에 살게 되었다. 이 아파트에서는 종종 저녁 잔치가 벌어졌다. 그렇지만 따뜻하고 진지한 말들이 오가지는 않았다. 사람들은 그가 고등법원 판사라는 직위 때문에 형식적인 관계를 유지하고 있을 뿐, 진실한 친구가 아니었다. 심지어 그는 카드놀이를 하며 얻는 기쁨이 유일한 기쁨이라고까지 고백했다.

그러던 어느 날 그는 옆구리에서 통증을 느끼기 시작했다. 고통이 점차 온몸에 퍼져나가고 있었지만, 의사들은 영문을 알 수 없는 불치병이라며 모호한 말만 되풀이하고 그저 높은 약값을 처방할 뿐, 그에게 진지한 관심을 보이지 않는다. 주변 사람들 역시 그의 죽음에 대체로 무심하다. 더욱 통탄스러운 일은 아내, 딸조차 그의 죽음을 번거로운 일상쯤으로 여긴다는 것이다. 부인은 그의 죽음이 아니라 자신이 받게 될 연금을 걱정하고, 딸은 아빠의 장례식으로 인해 자신의 결혼 계획에 차질이 생길까 봐 걱정한다. 죽음이 다가오면서 그는 사람들에 대한 원망, 질투, 분노를 거듭한다. 동시에 자신이 왜 죽어야 하는지, 이 죽음이 자신에게 어떤 의미인지 이해할 수 없다는 사실에 절망해간다. 하지만 결국 그는 홀로 쓸쓸히 자신의 죽음을 마주해야 한다는 사실을 깨닫는다. 지난 삶은 시간 낭비였으며, 허구적이고 환멸스러운 것이었음을, 중요한 것을 위해서가 아니라 중요하게 보이는 것을 위해 살아왔음을 발견한다. 작가 톨스토이는 이 장면을 이렇게 표현하고 있다.

살아온 인생이 잘못된 것일 수 있다고 생각하는 것이 전에는 전혀 불가능했다. 하지만 이제 그것이 진실일지도 모른다는 생각에 사로잡혔다. 높은 사람들이 훌륭하다고 여기는 것에 맞서 싸우고 싶었던 마음속의 어렴풋한 유혹들, 어쩌면 바로 그런 것들이 진짜이고 나머지 모든 것은 다 거짓이었을지 모른다. 자신의 일과 삶의 방식, 사교계와 직장의 모든 이해관계도 다 거짓인지 모른다. 이반 일리치는 자기 자신에게 그 모든 것을 변호하려고 애썼다. 그러다 갑자기 자기가 변호하려는 이 모든 것이 너무나도 허약한 것이라는 느낌이 들었다. 그리하여 그는 그 무엇 하나 변호할 수가 없었다. [36]

그 무엇 하나 변호할 수 없는, 자신의 진면목을 마주하는 한계상황. 이반은 마지막으로 '죽음은 더 이상 존재하지 않는다'라는 말을 남기고 숨을 거둔다. 그의 나이 마흔다섯. 그가 죽고 난 뒤, 사람들은 의례 그의 죽음을 애도하지만, 자기들의 유쾌한 일상을 방해받고 싶지 않다는 듯 곧바로 각자의 일상으로 돌아간다. 죽음은 그의 것이지 자신들의 것이 아니며, 자신들은 여전히 살아있다는 사실에 안도감을 느끼면서 말이다.

톨스토이는 죽음이라는 불가항력의 숙명성을 배치하고, 성취, 명예, 결혼, 가정생활까지 그 모든 것이 과연 참된 것인가를 묻는다. 의미롭고 행복한 삶이 어떤 모습인지 누구도 확답할 수는 없다. 하지만 죽음은 거짓과 기만을 풀어 헤치고 자신을 진솔하게 대면하게 하는 마력을 발휘한다. 아무 일 없는 듯이 버젓이 살아가는 일상에서는 결코 대면할 수 없는 삶의 진실을 들춘다. 진정성을 향해가는 두 번째 관문은 바로 이 죽음에 대한 성찰이다.

죽어가는 사람들 곁에서 평생을 함께한 죽음 분야 최고의 전문가 엘리자베스 퀴블러 로스(Elisabeth Kübler Ross)는 말년에 이르러 뇌졸중으로 온몸이 마비되는 병을 앓는다. 시한부 인생을 사는 사람들 곁에서 그들의 심리 변화를 평생 연구해 온 그녀는, 죽음이 다가온다는 사실로부터 마지막 저서를 집필한다. 마지막 이야기는 더 이상 죽음에 관한 보고서가 아니라 생에 관한 것이었다.[37] 퀴블러 로스는 '죽음은 모든 것의 망각이 아니라 바로 삶의 다른 이름일 뿐'이라고 말한다. 죽음의 문턱에 다다른 사람들이 배우게 되는 것은 바로 삶에 대한 배움, 즉 어떻게 살 것인가에 대한 배움이라는 것이다. 죽음에 관한 그녀의 모든 연구는 처음부터 생에 관한 웅변이었다. 삶을 맹렬히 살아야 하는 이유가 있다면 가장 확실한 삶의 가능성, 바로 우리가 죽음을 향해가는 존재이기 때문이다. 취업에 실패하고, 승진에서 누락하고, 성적이 떨어지고, 직장에서 퇴출당하고, 사업이 부도 나는 일로 번민에 빠진 것과 자신이 왜 무엇을 위해 살아가는지 자기 존재를 문제 삼는 일은 전혀 다른 성질의 것이다. 전자는 생존을, 후자는 삶과 그 의미를 고뇌하는 것이다. 전자에 매여 산다면 우리는 죽음을 소거하고 현실에 장악된다. 죽음이 가져오는 파국 앞에서 굴복한다.

## 메멘토 모리

우리는 죽음의 공포를 느끼고 싶지 않다. 죽음이라는 말조차 입에 담거나 상상하는 것조차 싫다. 그 때문에 우리는 삶의 진정성을 고뇌할 수 없게 되었다. TV와 광고는 시종 젊음과 생명을 노래하고, 우리는 각종 비타민과 건강식품을 찾아 헤매면서 생명보험에 가입한다. 뿐만 아니라 언제부턴가 가까운 사람의 주검마저 장례식장으로 몰아냈다. 티베트의 영적 스승 소갈 린포체(Sogyal Rinpoche)는 우리가 평소 죽음을 상상할 수 없는 이유가 그것이 기만적인 삶 전체를 드러내고 살아온 인생을 일순간에 전복하기 때문이라고 한다.[38] 정작 자신의 참 모습을 대면했을 때 텅 비어있는 자신을 만나는 것에 대한 공포다. 이것이 죽음에 대한 우리들의 첫 번째 잘못된 이해다. 필멸의 삶에 대한 공포가 불러오는 불안과 불확실성을 피하기 위해 애써 죽음이라는 사건을 망각하고 소거하는 것이다. 하지만 그럴수록 우리는 근원에 대한 사색이 아니라 의미도 목적도 모르는 전진과 진보에 매달린다.

죽음에 대한 우리들의 두 번째 잘못된 이해는 결정론에 빠져 삶을 회의하는 것이다. 어차피 모두가 죽는다면 삶은 영원하지 않고 허망하다. 그러니 차라리 염세적 태도로 살아가는 것이 현명하다고 생각한다. 하지만 이런 인생이 마지막에 다다르는 곳은 절망이다. 삶이 결국 '무'로 돌아간다는 사실에 짓눌리면 활기를 잃는다.

세 번째 죽음에 대한 잘못된 이해는 피안의 삶을 쫓는 것이다. 이는 오랫동안 서양철학과 종교를 지배해왔던 이원론에서 유래했다. 인간은 육체와 영혼으로 분리되어 있고, 육체는 유한하기 때문에 보다 영원한 것을 삶의 중심으로 삼아야 한다는 믿음이다. 육체란 추하고 타락한 것인 반면, 영혼은 실제이고 순수하며 선한 것이다. 그러니 육체의 속박에서 벗어나 피안의 세계로 가는 통로가 바로 죽음이다. 삶은 단지 그 중간지대일 뿐이다. 불멸의 영혼을 얻으려면 감각적인 욕망에서 벗어나 천상의 의무와 규범을 따라야 한다. 그러나 이런 태도는 니체에 의하면 삶을 긍정하는 것이 아니라 피안을 담보로 노예의 삶을 선택하는 것이다.

죽음에 대한 잘못된 이해를 극복하려면 죽음이라는 사건이 우리에게 주는 명백한 메시지를 제대로 해독해야 한다. 그것은 두 가지다. 첫째, 죽음은 누구도 피할 수 없다는 사실을 받아들이는 것이다. 죽음은 항상 우리 곁에 있다. 삶은 두 번 다시 오지 않으며 죽음이라는 종말을 향해 조금씩 줄어들고 있다. 이 사실은 절대 비보가 아니다. 우리에게 삶이 대체 무엇인지 탐색할 것을 명령한다. 삶의 진정한 의미와 가치를 묻는다. 둘째, 죽음의 시간은 정해진 바가 없다는 것을 이해하는 것이다. 죽음 시간은 확정되지 않았으며 누구도 알 수도 없으며 심지어 급습한다. 이는 삶이 무엇인가를 소유하거나 완성하는 데 있는 것이 아니라 순간순간을 진정성으로 채워야 하는 것임을 알려준다. 영원성이라는 것도 실은 어느 날 만나게 될 피안의 행복을 고대하는 데 있는 것이 아니라, 갑자기 사멸할 수밖에 없는 운명에도 불구하고 사후에도 계속되는 누군가의 다른 현세를 위해서 지금의 삶을 철저히 불사르는데 있다.

## 바쁘다 신드롬

직장인들을 만나면 '바쁘다'는 말을 입에 달고 산다. 이 말은 모든 중요한 일들을 유예할 수 있는 비장의 언어다.

"저 바빠요"

"시간이 없어요"

한 중역은 내 앞에서 시종 바쁘기 때문에 이러저러한 일을 할 수 없다고 투덜댔다. 실제로 잠을 잘 시간도 없고 주말에도 별도의 시간을 낼 수 없다고 했다. 하지만 조금 더 질문해 보니 그는 자신이 하지 않아도 될, 사실은 그다지 중요하지 않은 일들을 끌어안고 있었다. 바쁘지 않은 자신이 무능해 보일 것이라는 염려였다.

죽음이 사라지면 우리 삶은 '바쁘다'라는 수렁에 빠진다. 바쁘다는 말은 정작 중요한 일, 즉 존재의 의무에 시간을 쓰지 못한다는 고백이다. 삶으로부터 자신이 소외되었다는 '자백'이다. '바쁘다'라는 말은 근대 산업 이데올로기가 만든 허위의식 중에 하나다. 본래 삶과 우주의 리듬이었던 시간이 근대 이후 자본에 포획된 뒤, 시간은 균등히 분할되었고 화폐로 전환되었다. 우리는 시계가 만든 시간표에 의해 재편된 삶의 리듬을 갖게 되었다.[39] 시계의 초침에 따라 일상을 구획하고 그 일상을 의무와 구속으로 만들었다. 노동과 휴식을 분리하고 일과 가정을 양립 불가한 대립구도로 만들었다. 온전한 삶이 결코 쉼과 여가의 확보가 아닌데도 대부분의 일들을 고역으로 변질시키면서 시간의 속박에서 벗어나는 일을 최고의 열망으로 갈망케 했다. 강박적 시간 사용과 알 수 없는 책무들로 우리들의 자아는 소외되고 분열되었다. 정확성과 빠름으로 대변되는 자본의 시간은 삶의 의미를 물을 수 있는 허허로운 시간을 허락하지 않는다. 여전히 기계적 시간관에 함몰된 우리는 어리석게도 시간과 경쟁한다. 유한한 존재인 인간의 필패다.

철학자 마르틴 하이데거(Martin Heidegger)는 죽음을 망각한 채 세상이 시키는 대로 분주히 살아가는 삶을 '비본래적 삶'이라고 말했다.[40] 비본래적 삶이란 시간이 부과하는 책임과 의무, 혹은 그다지 중요하지 않은 일로 인생을 채우면서 익명의 주체에게 조종당하고 있는 삶을 말한다. 우리는 누군가가 만든 표준 매뉴얼에 따라 대학을 가고, 직장을 선택하고, 배우자를 만난다. 하이데거는 이런 삶은 잡담과 호기심 그리고 애매성으로 점철된다고 말한다. 미디어의 포화 속에 노출된 시답지 않은 세상 이야기로 자신의 호기심을 충족시키고, 어떤 사태와도 의미 있는 지속적 관계를 갖지 못하며, 세상이 요구하는 의무와 책임으로 일상을 채우고 만다.[41]

비본래적 삶은 마침내 죽음 앞에서 붕괴된다. 죽음은 이반 일리치가 보여주는 것처럼 어느 누구도 대신할 수 없는 절대 고독의 단독 사건이다. 그것은 우리의 기만성을 폭로하고 우리를 본래적 삶, 즉 진정성 있는 삶으로 귀환시킨다. 죽음을 용기 있게 일상으로 인수하는 것, 하이데거는 이를 '죽음으로의 선구(先驅)'라고 말했다. 죽음을 향해 자각적으로 앞서 달려 나감으로써 우리는 현재를 자신만의 각별한 사건으로 전환할 수 있다. 이는 죽음이라는 사건이 주는 경고 때문만이 아니다. 매 순간 죽음 앞에서조차 사라지지 않을 자아의 이상, 진정성이 우리 안에 있기 때문이다.


## 죽음을 인수하기

진정성은 죽음이라는 사건 앞에서 비로소 개시된다. 그렇다면 어떻게 죽음을 상시 우리 곁에 둘 수 있을까?

로마의 고대 도시였던 폼페이에서 발굴된 모자이크 그림 중에 '메멘토 모리(죽음을 기억하라)'라는 작품이 있다. 이 그림의 윗부분에는 삼각형

모양의 측량자가 있고 그 추는 해골이다. 해골의 아래쪽에는 나비와 바퀴가 배치되어 있다. 해골은 '죽음'을, '나비'는 영혼을, 그리고 '바퀴'는 운명을 상징한다. 측량자의 왼쪽에는 황제가 입는 옷과 왕관이 매달려있고, 왼쪽에는 거지의 지팡이와 가방, 그리고 누더기가 매달려있다. 황제의 옷과 왕관은 부와 권력을, 거지의 지팡이, 가방, 누더기는 가난을 상징한다. 왼쪽과 오른쪽의 측량자는 가운데 해골 추를 기준으로 나란히 평형을 이루고 있다. 부와 권력을 가진 황제나 누더기를 걸쳐 입은 거지나 죽음 앞에서는 평등하다. 우리가 어떤 삶을 살았든 죽음은 어떤 사람도 차별하지 않는다. 이 죽음의 의미를 알 때만 죽음은 우리의 인생을 구원한다.

인도의 마하싯다(Mahasiddha)들은 해골로 만든 밥그릇으로 식사하고, 대퇴골로 만든 피리를 불었는데 이는 죽음이 항상 현존하고 있다는 사실을 잃지 않기 위해서라 한다. 하지만 과연 죽음을 상상하며 살아간다는 것은 가능한 일일까? '오늘'이라는 땅을 딛고 사는 인간이 어떻게 자신의 인식적 한계를 뛰어넘어 미래의 죽음을 지금 체험할 수 있다는 말일까? 죽음의 급습을 대체 무슨 수로 오늘 현재에 배치한다는 말일까? 누군가가 내 곁에서 매 순간 '메멘토 모리'라는 외침을 주지 않는 한, 어떻게 영원한 페이드아웃인 죽음의 공포를 상기할 수 있을까?

〈모리와 함께한 화요일〉은 루게릭병으로 죽어가는 모리 교수에 관한 제자, 미치 앨봄(Mitch Albom)의 기록이다. 모리 교수는 근육이 마비되는 고통 속에서도 절망하는 대신, 죽음에 의연하게 맞서며 그의 제자와 대화를 나눈다.

"죽게 되리란 사실은 누구나 알지만 자기가 죽는다고는 아무도 믿지 않지. 만약 그렇게 믿는다면 우리는 다른 사람이 될 텐데……."

"죽을 준비를 어떻게 하죠?"

"불교도들이 하는 것처럼 매일 어깨 위에 작은 새를 올려놓는 거야. 그리곤 새에게 말하지. '오늘이 내가 죽을 그날인가? 내가 죽을 준비가 되었나? 나는 해야 할 일들을 다 제대로 하고 있나? 내가 원하는 사람으로 살고 있나?' 이렇게 묻지."[42]

나의 아버지는 40년 가까운 시간을 그것도 한 직장에서 일해 왔다. 은퇴하시던 날 많은 사람들이 하나같이 아버지에 대해 존경과 감사를 표현했다. 돌아보니 내 기억에도 아버지는 누구보다 하루하루를 헌신적으로 살아오셨다. 나는 은퇴식장에서 한 직장을 위해 이렇게 긴 시간을 헌신적으로 일한다는 것이 얼마나 위대한 일인가를 생각했다. 나는 그날 그런 아버지의 삶을 생각하며 나도 아버지처럼 살아야겠다고 몇 번이고 약속했다.

하지만 나는 다니던 직장을 그리 오래 다니지 못했다. 그 당시 직장은 나의 의지를 연거푸 꺾고 있었다. 다른 계획은 없었지만 삶이 거짓이 되어가고 있는 것을 용납할 수 없다는 생각에 불현듯 사표를 내고 직장을 그만두었다. 며칠 뒤 송구스러운 마음을 안고 아버지를 찾아가 직장을 그만두었다는 이야기를 했을 때 뜻밖에도 아버지는 이렇게 말했다.

"그래, 잘 했구나! 실은……. 나도 항상 너처럼 그러고 싶었다."

나처럼 그러고 싶다니? 평생을 한 직장을 위해 젊음을 불살라 온 아버지가 실은 마음 속 깊은 곳에서는 직장을 벗어나고 싶은 강렬한 욕망이 있었다는 것을 나는 그때 처음 알았다. 아버지는 이러저러한 책임과 의무로 혹은 어떤 사명감으로 직장을 떠나지 못했다.

　우리가 무엇인가 더 가치 있고 중요한 것을 차일피일 미루는 이유는 무엇일까? 용기가 부족했기 때문일까? 게으름 때문일까? 그보다 우리의 인식적 한계가 '지금 여기'를 벗어나 상상할 능력이 없기 때문이다. 우리는 언제나 현재만을 살 뿐이다. 그러니 죽음을 인수하는 것, 더군다나 상상조차 겁나는 그것을 인수하는 것은 불편하기 그지없는 일이다. 하지만 진정성의 도전은 바로 여기에 있다. '미래의 저기'를 철저히 끌어안아야만 '지금 여기'가 열정과 변화의 뜨거운 순간이 된다는 것이다. 비전을 만들고, 희망과 가능성, 호기심과 즐거움으로 현재를 채우는 것은 '지금 여기'에 몰두하기 때문이 아니라, '지금 여기'가 곧 사라져갈 유일성의 시간임을 알기 때문이다.


　리더십 세미나 중에 한 참가자가 말했다.

　"사람들의 이야기를 들어주고 공감하는 일은 제 스타일에도 맞지 않아요. 어느 날 직장을 그만 둘 텐데 대체 지금 리더십이 제게 무슨 의미가 있나요?"

　오랫동안 리더의 역할을 하고 있음에도 이런 의문이 드는 것은 그 역할이 자기 삶과 분리되어 있기 때문이다. '지금 여기'를 설명할 수 있는 인생의 스토리가 없기 때문이다. '지금 여기'가 '미래의 저기'와 단

절되면 현재는 설명할 수 없는 혼돈이 된다.


## 삶의 변곡점 읽기

인텔의 전 CEO 앤디 그로브(Andy Grove)는 '전략적 변곡점(strategic inflection point)'이라는 말을 사용한 적이 있다. 이 말은 기업의 생존과 번영을 좌우하는 결정적 시점을 알고 대응해야 함을 경고한 말이다.[43] 결정적 시점을 모른 채 변화의 시점을 놓친다면 기업은 몰락한다. 반대로 이를 선용한다면 큰 번영을 누릴 수 있다. 하지만 누가 감히 이 전략적 변곡점을 정확히 예측할 수 있겠는가? 설령 뛰어난 통찰력이 있어 이를 준비를 한다 해도 예기치 못한 재난을 모두 대비할 수는 없다. 그런 점에서 이 말은 하나의 문법이지 실제는 아니다. 그럼에도 불구하고 이 말은 우리에게 '지금 여기'에 갇힌 시야를 확장해 인생 전체의 시간을 통찰해야 한다는 것을 가르쳐준다.

우리는 인생을 살아가는 동안 중요한 국면을 만난다. 이른바 통과의례다. 입학을 하고, 졸업을 하고, 취업을 하고, 결혼을 하고, 자녀를 낳는다. 이 모든 사건들이 삶의 변곡점이 되는 것은 아니지만, 이런 사건들은 우리에게 중요한 신호를 보낸다.


"이 괴물 안에는 무언가 수상쩍은 전쟁도구, 이 도시를 습격하려는 스파이 기계가 있을 것이오. 안에는 어떤 간계가 숨어있을 것이오. 그것을 믿어서는 안되오. 트로이 사람들이여, 목마를 믿지 마오"

역사에 길이 남을 이 경고를 외친 것은 라오콘이었다. 라오콘은 혼신을 다해 트로이 목마의 위험을 알렸지만 사람들은 이미 들떠 아무도 그의 말에 귀를 기울이지 않았다. 그는 진실을 알았고 그것을 알리려다 결국 아들들과 함께 뱀에 물려 죽고 말았다. 트로이는 그렇게 진리의 외침을 외면하고 스스로 자멸했다.

아무 일도 없을 것이라는 안일함, 불안과 두려움이 만든 광기는 우리 내면에서 들려오는 진실의 소리를 듣지 못한다. 스스로를 성찰할 수 있는 힘을 약화시킨다. 큰 재앙을 만나기 전까지는 결코 진실을 발견하지 못하는 어리석음이 우리 안에 있음을 안다면, 삶의 중요한 사건들이 보내는 신호에 의식적으로 귀를 기울여야 한다. 창조적인 상상력과 삶에 대한 조망력을 동원하여 미래 사건들을 바라보아야 한다. 내 삶의 중요한 국면은 언제인가? 5년 뒤 인가? 10년 뒤인가? 리더가 되는 순간인가? 자녀가 태어나는 순간인가? 직장을 그만두는 때인가? 아이들이 집을 떠나는 순간인가? 괜한 공포심을 갖자는 것이 아니다. 그날을 위해 호들갑을 떨어야 한다는 것도 아니다. 그 미래의 시간대를 조망할 때 현재는 미래가 되고, 미래는 다시 현재가 됨으로써 이 유일성의 시간을 가장 진실하게 채울 수 있다는 것이다.

현재가 될 변곡점을 단순한 환경과 기술의 변화, 주변 사람들의 요구에 의해 찾는 것은 넌센스다. 전략적 변곡점은 궁극적으로 자기 삶의 목적으로부터 요청해야 한다. 목적으로부터 해야 할 가장 중요한 삶의 과업을 정렬해야 진정성 있는 걸음을 걸을 수 있다. 왜 삶이 아름다울

그림 6. 전략적 변곡점: 진정성의 모멘텀

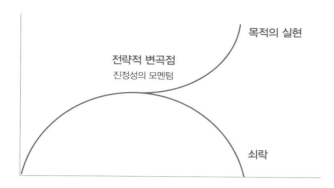

까? 그것은 우리가 어느 날 아무런 예고 없이 생을 마감하기 때문이다. 초개처럼 부서질 운명을 안고 단 한 번 뿐인 삶을 살아가기 때문이다. 모든 순간을 진실한 경험으로 채우는 것, 그것이 삶을 사랑하는 일이요 우리의 의무다. '아모르파티(amor fati)!'

스티브 잡스는 스탠퍼드 졸업식 축사에서 췌장암 진단을 받고 죽음을 마주하며 얻은 경험을 바탕으로 졸업생들에게 말한다.

"여러분들의 시간은 한정되어 있습니다. 그러므로 다른 사람의 삶을 사느라고 시간을 허비하지 마십시오. 과거의 통념, 즉 다른 사람들이 생각한 결과에 맞춰 사는 함정에 빠지지 마십시오. 다른 사람들의 견해가 여러분 자신의 내면의 목소리를 가리는 소음이 되게 하지 마십시오. 그리고 가장 중요한 것은, 당신의 마음과 직관을 따라가는 용기를 가지라는 것입니다. 당신이 진정으로 되고자 하는 것이 무엇인지 그들은 이미 알고 있을 것입니다. 다른 모든 것들은 부차적인 것들입니다."

죽음을 정직하게 대면하는 것은 불행한 삶에 의연히 맞서는 의식의 승리다. 그럴 수 없다면 죽음은 고작해야 불의의 사고, 재난, 혹은 생명보험에 가입할 때 느끼게 되는 재앙 정도가 전부다. 죽음을 멀리하는 동안 사색과 고독의 시간이 사라졌다. 자기 인생을 깊이 있게, 그리고 넓게 들여다볼 수 있는 조망력과 관조의 힘을 잃어버렸다. 그러면 불안한 현재만이 남는다. 필멸의 숙명적 존재라는 사실로 전략적 변곡점을 찾고 오늘을 뜨거운 진실의 순간으로 만드는 것. 그것이 진정성의 관문이다.

## 진정성을 위한 생각훈련

1  '천년만년 살 것처럼 행동하지 마라. 죽음이 지척에 있다. 살아있는 동안, 할 수
   있는 동안 선한 자가 돼라'[44]
   이 말은 마르쿠스 아우렐리우스의 명상록에 실린 말이다. 가까운 사람의 죽음
   을 목격한 적이 있는가? 혹은 자기 죽음이 눈앞에 있는 것과 같은 체험을 한
   적이 있는가? 어떤 느낌이 드는가?

   _____

2  바쁘게 살고 있다면, 하고 있는 대표적인 일들을 나열해 보자. 더욱 중요한 일
   과 그렇지 않은 일들을 구분해 보자. 핵심적인 중요한 일의 우선순위를 정하고
   나머지는 버릴 수 있는가?

   _____

3  장차 당신 삶의 전략적 변곡점을 설정한다면 '그때'는 언제라고 할 수 있는가?
   그때라고 할 만한 내면의 소리가 들리는가? 그때를 위해 지금 어떤 삶의 태도,
   양식, 과제가 필요한가?

   _____

4  당신이 한 조직의 리더라면 당신 조직의 전략적 변곡점은 언제라고 할 수 있는
   가? 외부의 요구, 환경의 변화만이 아니라 조직의 목적(사명)으로부터 그때를
   정하고, 그를 위해 해야 할 일을 정렬해 보자.

   _____

# 3

# 고난
## 진정성의 다른 이름

진정성 있는 삶의 관문으로 들어서려면 평범함,
안전함으로 회귀하려는 본능과 맞서야 한다.
역경과 시련을 마주하지 않는 한 우리의 진면목은 밝혀지기 어렵다
그것만이 우리의 재능, 가능성, 진정성을 증명한다.

## 유아기 고착

"오! 페네우스의 딸이여, 멈추시오! 그대를 좇는 나는 그대의 원수가 아니오, 그대는 내가 누군지 모르오, 그래서 도망치는 것이오, 원컨대 걸음을 멈추시오, 그래야 내가 따라잡을 수 있을 것 아니오? 어서 걸음을 멈추고 그대를 사랑하는 이 몸의 정체를 물어봐 주시오"

에로스의 화살을 맞은 아폴론은 자신을 피해 달아나는 다프네에게 소리친다. 사랑에 빠진 아폴론이 다프네의 아름다움에 빠져 그녀를 좇아가지만, 다프네는 사냥개에게 쫓기는 토끼처럼 정신없이 달아난다. 아폴론은 희망에 차서 달려가고, 다프네는 두려움과 공포에 질려서 달아난다. 그리고 공포에 질린 다프네는 숨을 헐떡이며 아버지를 향해 소리친다.

"아버지 도와주소서. 아버지의 강물에 아직 신성이 모자라지 않는다면 제가 사랑하던 이 아름다움을 변케 하던지 없애 주소서"

기도가 끝난 순간, 다프네의 사지는 굳어졌고, 부드럽던 옆구리는 나무껍질로 덮였으며 머리카락은 잎이 되고 팔은 가지가 되었다. 날래던 두 발엔 뿌리가 뻗어나고 머리는 나무 꼭대기가 되었다. 태양, 시간, 성숙의 신인 아폴론은 더 이상 겁에 질린 사랑의 상대, 다프네를 다그치지 않고 이 나무를 월계수라 명명했다. 그리고 그 잎으로 관을 만들어 승리자의 이마에 걸어주었다.

다프네는 부모에게 후퇴함으로써 안락한 보호막으로 돌아가고 말았다. 정신분석학에서는 이를 '유아기 고착(desperate fixation)'이라고 부른다. 성장과 변화, 모험과 자립을 거부하는 현상이다. 아이는 부모와의 관계에서 벗어나지 못하고 부모가 제공하는 보호 속에서 자란다. 부모로부터 칭찬을 받고 싶고 또 부모의 뜻을 어길 때 받게 될 징벌을 두려워한다. 부모는 성장과 독립의 문에 버티고 있는 수문장과 같다. 아이는 부모 밖으로 나오지 못한다.

언젠가 수업 중에 한 학생이 물었다.
"교수님, 제 꿈이 있다 해도 어떻게 부모님의 기대를 저버릴 수 있죠?"
안식처였던 부모가 성장과 변화를 가로막고 있다는 것을 깨달았지만, 그렇다고 부모의 기대를 벗어날 용기는 없다. 진학도, 취업도, 결혼도, 양육도 부모에게 의존하지 않으면 안 되는 경쟁 사회의 불안은 이

유아기를 끝도 없이 연장한다. 언젠가 한 대기업의 채용담당자가 해준 이야기다. 신입사원을 채용하고 나면 부모들의 전화가 빗발친다는 것이다. 자기 자녀를 '지방으로 보내지 말아 달라', '어느 부서에 배치해 달라', '우리 애는 ~을 좋아한다' 등등. 부모와 자녀의 집단 공모가 아이를 안전한 오두막에 가둔다. 이것이 어찌 한 개인, 한 가족만의 문제일까? 다프네는 자신의 능력을 넘어서서 새로운 존재, 더 나은 존재, 더 고귀하고 위대한 존재가 될 수 있다는 사실을 깨닫지 못한, 오늘날 대다수 사람들의 이야기다.

## 심리적 탯줄 끊기

왜 이런 일이 벌어지는 것일까? 미래에 나타날 모든 변수를 고려할 수 없다는 사실은 공포를 불러온다. 미래는 언제나 우리의 예측 밖에 존재한다. 탁월한 분석과 전략적 기획으로 목표를 달성할 수 있을 것이라는 믿음은 그다지 근거가 없다. 뉴턴의 세계는 삶의 모든 사건이 예측 가능한 방정식이었지만, 실제 우리 삶은 무질서이며 카오스다. 그런데도 왜 우리는 우연과 무질서를 인정하지 못할까? 인정한다고 해도 이를 왜 삶의 양식으로 수용하지 못할까? 그중 하나는 우리 뇌가 끊임없이 우연을 인정하지 않기 때문이다. 뇌는 언제나 그럴듯한 연관을 고안하면서 패턴과 규칙을 읽어내고 불확실함을 몰아내고자 안달이다.[45]

신경학자들의 연구에 의하면 쥐에게 불규칙적으로 먹이를 주면 쥐는 과도한 스트레스를 겪는다. 설령 충분히 먹을 수 있는 먹이가 있다 하더라도 다음 식사가 언제일지 정확히 알지 못할 때 공포를 느낀다. 인간도 예외가 아니다. 우리는 고통스러울지라도 안전한 오두막에 머무르는 것이 낫다. 반란을 일으키고 만나는 위험보다 조직이 강제하는 질서와 규범에 복종하는 것이 훨씬 편하고 안전한 법이다. 배신의 위험을 안을 바에야 애초에 함부로 사람을 믿지 않는 것이 상책이고, 수년째 마음에 들지 않는 직장을 다니지만 그렇다고 뛰쳐나가는 모험을 시도할 필요는 없다. 그러나 사실은 여기에 진짜 위험이 있다. 안정과 질서를 구하고 패턴과 규칙을 찾을수록 우리는 그만큼 미래를 준비할 수 없다는 모순에 빠진다. 어떤 재능과 가능성을 가진 것인지 시험하기도 전에 자아의 이상을 내팽개친다. 심리학자 롤로 메이(Rollo May)는 이를 '심리적 탯줄 끊기'라고 말한다.[46] 적당한 시기에 탯줄을 끊지 못하면 발달은 중지되고 성장은 억압된다. 내면에 불안, 분노, 적개심이 가득 찬다.

하지만 우리가 알아야 할 몇 가지 진실이 있다. 먼저 진화의 관점에서 보면 우리의 모습은 자연이 만든 우연의 산물이라는 것이다. 새로운 생명체는 유전자를 도구로 한 무작위적인 실험의 결과였다. 다양한 동물과 식물종은 적합한 생존방식을 터득하고, 번식을 통해 새로운 형태를 후손에게 물려준다. 어떤 생물도 사전 계획에 따른 것은 없다. 진화는 목표가 없었으며, 다만 살아남기 위한 무작위적 실험의 연속이었다. 대부분 우연한 실험들은 생존능력이 없는 존재들을 배출하지만, 그 와중에 계획에 따랐다면 전혀 배출하지 못했을 걸출한 작품 하나가 생겨

나면서 그동안의 모든 실패를 만회했다. '돌연변이'다. 이 우연에 의한 돌연변이가 없었다면 생물의 진화는 제자리걸음을 면하지 못했다. 진화는 우리가 우연을 받아들이고 우연과 함께 살아가야 함을 알려준다. 안전의 환상에서 벗어나 한 번도 경험하지 않은 미지의 세계와 조우하길 반겨야 한다.

또 다른 단서는 '도파민'의 비밀이다. '도파민'은 캠브리지 대학의 두뇌학자 볼프람 슐츠(Wolfram schultz)가 발견한 인간의 뇌 속에 있는 신경전달물질이다. 이 도파민은 예기치 않은 사건을 알려주고, 주의 집중과 유쾌한 흥분을 불러일으키며, 새로운 것을 배우도록 준비시킨다. 예상치 않았던 일을 맞이하는데 새로운 흥분과 즐거움을 제공하고 학습을 촉진한다.

자, 이제 어떻게 해야 할까? 안전하다는 것은 분명 유혹적이다. 그러나 그것은 현재의 익숙함이 만든 환영이지 행복과 성장을 계속해서 보장하는 것은 아니다. 우리 뇌는 안전하고 익숙한 것을 선호하지만 동시에 미지의 것에 주목하고 흥분한다. 우연과 불확실성을 인정하고, 그 안에 뛰어들어 이것과 함께 살아가는 법을 배워야 행복이 찾아온다.


## 영웅의 여정, 불확실성을 끌어안기


신화학자 조셉 캠벨(Joseph Campbell)은 세계 각지에 흩어진 영웅들의 신화 속에는 하나의 공통된 원질 신화가 있음을 주목했다. 그것은 탄생과 죽음에 이르는 삶의 여정에 관한 인류의 집단무의식이다.[47] 캠벨은 신화란 인류의 '보편화된 꿈'이라고 말한다. 그것은 삶과 삶의 여정에 관한 메타포를 품고 있을 뿐 아니라, 우리가 세계를 이해하고 그 세계 안에서 어떤 존재로 살아가는지를 계시한다. 신화의 내용이 무엇이든 간에 그 신화 속 영웅이 보여주는 모험의 여정은 우리 삶에 대한 하나의 정신 모형을 제공한다.

캠벨의 분석에 의하면 영웅은 '스스로의 힘으로 복종의 기술을 완성한 인간'이다. 무엇에 대한 복종인가? 캠벨은 그것이 오늘날 우리들 각자가 풀어야 하는 수수께끼라고 말한다. 자신과 세상을 구원할 수 있는 원대한 이상을 품었다면, 그것이 자신과 세상을 변혁하는 꿈이라면 당연 거기에 복종의 의무가 있을 것이다. 영웅들은 바로 이를 발견한 사람들이다. 육체적인 욕망과 현실적 한계를 부정하지 않으면서 현실을 통제할 수 있는 용기를 발휘했다. 현실의 오두막이 주는 달콤함, 미지의 불안이 주는 두려움, 또는 빈약한 상상력으로 인해 자신을 평범함 속에 가두어 놓는 바보같은 짓을 뿌리쳤다. 영웅신화는 비전을 품은 사람들의 자기극복에 관한 이야기다. 그들의 삶은 서서히 죽어가는 것만을 기다리는 사람들에게, 난관을 넘어 이루어야 하는 원대한 이상이 있고, 운명에 맞서 그 운명을 개척하라고 주문한다. 거기에 새로운 생명의 규약이 있음을 알려준다.

영웅의 스토리는 '세계로부터의 분리', '힘의 원천에 대한 통찰', 그리고 '황홀한 귀향'이라는 세 가지 패턴으로 이루어져 있다.[48] 어느 나라의 신화를 불문하고 영웅이 어떤 것에 관심을 두었는지에 상관없이 영웅은 자신의 일상을 벗어나 자발적 고난에 나섬으로써 자신을 새롭게 변혁했다. 영화 〈매트릭스〉에서 주인공 네오는 영웅의 여정을 따를 것인지, 아니면 세속의 노예로 살아갈 것인지 선택의 기로에 놓인다. 그를 데리러 온 모피어스는 네오에게 말한다.

"네가 노예라는 진실, 너도 다른 사람과 마찬가지로 모든 감각이 마비된 채 감옥에서 태어났지. 이게 마지막 기회다. 다시는 돌이킬 수 없어. 파란 약을 먹으면 여기서 모든 게 끝난다. 침대에서 깨어나 믿고 싶은 걸 믿게 돼. 하지만 빨간 약을 먹으면 여기 이상한 나라에 남아 끝까지 가게 된다."

파란 약을 먹으면 다시 안락함이 존재하는 환각의 세계로 돌아간다. 그러나 빨간 약을 먹으면 매트릭스라는 환상의 세계를 벗어나 불편하지만, 진실의 세계로 들어간다. 네오는 스스로 빨간 약을 삼키고 어떤 일이 벌어질지 모르는 미지의 세상을 향해 지난 허구의 세계를 떠나기로 한다. 우리가 영화처럼 극적 순간을 만나는 것은 아니다. 그러나 낡은 과거를 벗어나려는 결단과 그 모험을 감수할 의향이 없다면 자아의 이상, 그 진정성은 영원히 수장될 것이다.


'오늘날에도 여전히 영웅은 필요한가?'라는 질문에 캠벨은 이렇게 말한다. "분열 증세를 보이는 이 모든 경향을 한곳으로 모아 바람직한 목표를 향해갈 수 있는 별자리 같은 이미지가 필요합니다."[49]
이기주의, 허무주의, 상대주의, 성과주의, 쾌락주의에 빠져있다면, 우리 안에 잠자고 있는 영웅을 깨울 수 없다. 제약과 속박에 갇힌 삶에 생기를 불어넣고 자아의 이상을 구현하려면 그 영웅을 불러 세워야 한다. 그를 불러 더 큰 세계, 더 먼 세계로 내보내야 한다. 자족의 트랙에서 내려와 더 사랑하고 더 배워야 할 삶의 과제가 있음을 알려야 한다. 그것이 자아의 이상을 찾아가는 진정성의 여정이다.

## 역경과 시련 의식을 변모시키다

캠벨은 미국의 저널리스트 빌 모이어스의 대화에서 이렇게 지적한다.

모이어스 : 의식은 어떻게 변모합니까?
캠벨 : 스스로 부여한 시련이나 계시를 통해서 변모하지요. 시련과 계시, 이것이 바로 변모의 열쇠입니다.[50]

오랫동안 리더십 개발에 관해 수많은 연구를 해 온 워렌 베니스(Warren Bennis; 1925~)는 정치적, 경제적 리더들의 성공을 결정짓는 단 하나의 자질을 '적응력(adaptability)'이라고 말한다. 그는 자신의 연구를 통해 IQ, 부유함, 교육정도, 안정된 가정, 인종, 성별 등에서 상당한 차이가 있었음에도 이 모두를 뛰어넘는 요인, 즉 적응력이 성공의 결정요인이었음을 보여주었다.[51] 적응력이란 사랑하는 사람들의 죽음에서 부터 생명을 위협하는 질병에 이르기까지 숱한 좌절, 비탄, 시련 속에서도 지속적으로 배울 수 있는 능력이다.

고난과 시련은 형벌이 아니다. 오히려 이에 맞서 싸우는 동안 우리는 지속적으로 배울 수 있다. 의식의 변모는 바로 이 과정이 주는 선물이다. 그 메커니즘은 이렇다. 우리는 새롭고 낯선 문제를 마주하면 기존의 지식, 생각, 가치를 다시 검토하지 않으면 안 된다. 때로 새로운 시각을 갖거나 자신의 능력을 부정하거나 지금까지 가지고 있었던 자신의 정신 모형을 해체해야 한다. 또 새로운 재능을 발굴하기도 하고, 자아상을 새롭게 변화시키기도 해야 한다. 고난과 시련이 없다면 결코 경험할 수 없었던 체험이 의식을 변모시킨다.

영웅은 죽어가는 것, 낡은 것, 거짓된 것에서 벗어나서 더 크고 위대하며 진실한 것을 찾아 나선다. 그리고 온갖 고초를 이겨내고 새로운 창조자로 거듭난다. 여기에서 핵심은 그가 자발적으로 고난과 시련에 맞섰다는 사실이다. 먼저 영웅은 자신이 속한 확실성의 세계를 떠나 미지의 세계로 걸어 들어간다(세계로부터의 분리). 미지의 세계에서 자신의 능력을 뛰어넘는 악의 무리와 맞서 싸운다. 낡은 의식과 오래된 관행을 떨치고 새로운 역량을 축적해야 하고, 의식의 확장을 시도해야만 한다. 이전과는 다른 눈으로 세상을 바라보고, 이전과 다른 삶의 양식을 채택해야 한다. 고난과 시련은 새로운 정체성을 장착하고 평범한 인물을 영웅으로 변모시킨다(힘의 원천에 대한 통찰). 존재 양식의 전환, 곧 성숙에 이른다. 마지막으로 영웅은 이전보다 더 커진 자기 힘을 확신하고 이전의 세상으로 돌아와 남은 사람들을 구원한다(황홀한 귀향). 오두막 안으로 파고들어 가려는 의식 안에 성숙이 있을 리 없다. 자기다운 삶의 체험이 있을 리 없다. 진정성은 자신을 보호하고 있는 곳에서 전혀 보호받을 수 없는 미지의 세계로 걸어 들어감으로써 모순에 찬 자의식을 새로운 자아로 탈바꿈시키는 도전의 과정이다.

7년간 오디세우스를 억류시켰던 칼립소에게 오디세우스가 말한다.

"또다시 신들 중 어느 분께서 포도주 빛 검은 바다 위에서 내가 탄 배를 부숴 버리신다 하더라도 고난을 견딜 마음을 굳게 가지고 꾸준히 참아가겠습니다. 이미 이제까지 풍파 속에서도, 전쟁에서도 너무나 많은 고난과 쓰라린 역경을 헤쳐 왔으니까요. 그러므로 앞으로 있을 재난도, 다만 여태까지의 것에 한 가지 더 보태어지는 데에 지나지 않지요." 52

트로이 전쟁에서 승리를 거두고 자신의 고향마을 이타카로 돌아오는 동안 오디세우스는 그의 부하들과 함께 온갖 고초와 고난을 만난다. 사랑하는 아내 페넬로페와 아들 텔레마코스가 기다리는 왕국으로 귀향하기까지 자그마치 20년, 그러나 그는 매 순간 시련 속에서도 이를 마다하지 않고 불굴의 정신과 지혜를 발휘했다. 오디세이아는 서양의 사상적 전통 속에도 삶이란 이겨내야 할 고난의 연속이며 그를 통해 삶이 완성되는 것임을 역설한다.

내가 아는 한 직장인은 마흔이 넘어 잘나가던 직장을 스스로 그만두었다. 오랜 시간 일해 왔지만 자신의 일에 자부심을 느낄 수 없었고,

일에서 환멸이 들었다고 했다. 그는 그때의 이야기를 하면서 이렇게 말했다.

"그때 그렇게 사표를 던지고 나오니 이상하게도 어떤 환희 같은 것이 느껴지더군요. 물론 두려움이 전혀 없었던 것은 아니죠. 하지만 엉터리 인생을 계속 살 수는 없었습니다. 그보다 내가 사랑하는 사람들을 위해 무엇을 해야 하는지를 생각하니 흥분되더군요. 또 그를 위해서라면 웬만한 어려움쯤은 다 견뎌낼 자신감이 들더군요."

그는 생존이 아니라 자신을 자신답게 만드는 삶을 발견한 순간, 더 이상 무력해지지 않았다. 난관을 만날지라도 더 이상 두려움을 느끼지 않았다. 하지만 그는 몇 년간이나 제대로 수입이 없었고, 아내와 자식들을 제대로 돌보지 못했다. 게다가 서둘러 한 몇 가지 사업에서 고배를 마셨다.

"제 마음이 조급했습니다. 그러다 보니 그 사업에서도 다시 옛날의 관행을 버리지 못했던 거죠. 하지만 그때 직장 안에서는 전혀 생각조차 할 수 없었던 다른 세상을 보았습니다. 온전히 제 힘으로 살아가고 있는 제 생명력을 본 것이지요. 사실 저는 더 큰 힘을 얻었습니다. 어떤 승부라도 피하지 않게 되었습니다. 그런 경험이 없었다면 저는 지금 같은 사람이 안 되었을 겁니다." 그는 껄껄껄 웃으며 말했다.

그는 지금 누구보다 유능한 사업가가 되었다. 내가 보건데 그는 스스로 영웅으로 환생함으로써 자기 삶의 빛나는 스토리를 만들어 냈다. 역경과 시련이 있었지만 자신을 변모시키는 일에 뛰어들었고 자신의 진면목을 찾았다.

# 변혁적 학습

교육학자 잭 메치로(Jack Mezirow)는 삶의 전환점을 만들어 가는 과정을 '변혁적 혹은 전환적 학습(transformative learning)'이라고 불렀다.[53] 변혁적 학습이란 장기간에 걸쳐 점진적으로, 축적적으로 한 개인의 경험이 임계점에 다다르면서 그 자신을 새롭게 변모시키는 과정을 말한다. 이런 학습은 삶의 목적지를 발견하고 자신의 핵심 본성을 변화시킨다. 다른 학습들이 단순히 지식을 축적하거나 관계를 새롭게 구축하는데 그치는 데 반해, 변혁적 학습은 종래의 세계관에서 벗어나 질적 성장과 도약을 이끌어 낸다. 변혁적 학습은 기존 의식을 비판적으로 평가하고 관점의 변혁을 일으킨다. 관점이 변혁되면 자기 자신, 신념체계, 삶의 방식에 일대 변화가 일어난다. '괄목상대(刮目相對)'라거나 '문리(文理)가 트다'라거나 '철이 든다'는 것은 이 학습을 대변하는 말들이다.

메치로에 의하면 우리는 가족, 공동체, 문화 속에서 비판 없이 수용된 '마음의 습관'과 '관점'들이 있다. 이것들은 거역할 수 없는 새로운 대안적 관점이 나타날 때까지 의문의 여지가 없는 형태로 우리 안에 존재한다. 그 힘은 지속적이고 막강하다. 하지만 고난과 시련이 닥치면 기존의 습관과 관점들은 제 기능을 하지 못한다. 새로운 해석과 새로운 대안을 가져야 하고, 그러는 과정에서 자신을 지배하고 있었던 습관과 관점이 해체되면서 새로운 정신 모형이 장착된다.

고난에 대한 낭만적 해석도 가능하지만, 고난은 그 이상의 실제적 의

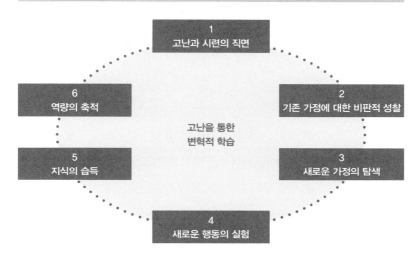

그림 7. 고난 과정에서의 변혁적 학습

1
고난과 시련의 직면

6
역량의 축적

2
기존 가정에 대한 비판적 성찰

고난을 통한
변혁적 학습

5
지식의 습득

3
새로운 가정의 탐색

4
새로운 행동의 실험

미가 있다. 고난은 본질적으로 종래의 경험으로는 해결할 수 없는 전대 미문의 이질적 세계를 대면시키면서 한 개인의 정체성을 바꾸어 놓는 다. '왜 이런 일이 벌어진 것인가?', '이것은 무슨 뜻인가?', '도대체 어떻게 해야 한다는 말인가?' 난관에 부딪히면 절박한 질문들이 출현한 다. 어떤 이는 자멸적 길을 선택하고, 또 어떤 이는 편협한 세계관에 갇 힌다. 고난에서 배우기보다 자신을 방어하면서 세상을 한탄하고 원망 한다. 섣불리 상황을 판단하고 보고 싶은 것만을 본다면 고난은 도리어 기존의 세계관을 정당화한다.

"사람을 함부로 믿어선 안 됩니다. 선의가 언제나 선의로 다시 돌아 오는 것은 아니죠"

내가 아는 한 리더는 구성원에 대한 배신감을 이렇게 표현했다. 오랫동안 많은 관심과 애정을 주었는데 어느 날 그가 자신을 버리고 떠났으며, 그 때문에 자신이 손실을 보았다는 항변이었다. 사랑과 관심을 보였던 사람들의 배신은 분명 큰 충격과 혼돈을 주었을 것이다. 하지만 감정적으로 결론을 내리기보다 한 걸음 물러나 건강한 비판을 견지할 수 있다면, 사태를 더 성숙한 눈으로 바라볼 수 있다. 그러면 상처는 얼마든지 통제 가능한 것이 된다. 고난은 배움의 자세를 견지하는 한 우리에게 변혁의 순간을 제공한다. 성숙을 원한다면 기꺼이 자발적 고난을 설계하고, 지금까지 가지고 있었던 정신 모형의 효과를 검증해 볼 필요가 있다.

새클턴(Ernest Shackleton, 1874~1922)은 남극을 불과 몇 마일 앞두고 탐험선 인듀런스호가 영하 70도의 빙벽에 갇혀 10개월 동안 표류했지만, 불굴의 정신으로 선원 28명을 무사히 귀환시켰다. 남극의 정복이 아니라 고난의 극복이 그의 리더십의 진정성을 보여주었다. 고난은 우리를 부수고 동시에 우리를 단련시킨다. 고난과 시련이 있어야만 내적 모순을 없앨 수 있고, 삶의 전리품, 자아의 갱생을 얻을 수 있다. 고난과 시련이 없다면 우리의 진정성은 아직 검증되지 않은 것이다. 안전한 오두막에 머물러 사회가 주는 대본 밖으로는 나오지 않으면서 삶이 달라지기를 기대한다면 언어도단이다.

1   오랫동안 열망해 오면서도 끝내 시도하지 못한 것들이 있다면 무엇인가? 그것을 가로막고 있는 원인은 무엇인가? 내 안에 어떤 두려움이 이를 방해하는가?

<hr>

2   '고난과 시련이 없다면 우리는 삶의 진정성을 검증할 수 없다. 또 의식의 성장, 변모를 기대할 수 없다.' 이 말을 자신의 경험 속에서 찾아 설명해보자. 구체적으로 경험했던 고난과 시련의 사건들이 자신에게 준 교훈은 무엇인가?

<hr>

3   "명확히 말씀해 주세요", "구체적인 지침을 주세요"라고 말하는 사람은 안전한 오두막에서 머물러 타인의 지시를 기다린다. 보다 주도적으로 행동하기 위해서는 고난과 시련이 필요하다. 현실에 안주하려는 사람에게 안전지대 밖으로 나오게 하는 방법은 무엇인가? 이들을 어떻게 설득할 수 있는가? 이들을 위해 당신은 어떤 본보기를 보여 줄 수 있는가?

<hr>

4   자신의 진정성을 검증하기 위해 자발적으로 고난을 설계한다면 지금 어떤 일을 하고 싶은가? 구체적인 실행 계획을 세워보자.

<hr>

# 서사
## 삶의 전기작가

진정성의 여정은 나를 찾아가는 여정이다.
나는 고정된 실체가 아니라 진화하고 확장되어가는 프로세스다.
살아있는 동안 계속해서 변형되고 새롭게 구축되는 역동적 서사다.

## 나는 누구인가?

진정성이 자기 자신에 대한 진실함이라면 내가 누구인가를 이해하지 않고 진실함을 유지할 수 없다. 그러므로 '나는 누구인가?'라는 질문은 이 여정에서 피할 수 없다. 그러나 이 질문은 우리를 당혹게 한다. 이름, 신분, 출신, 직업을 나열하면 그게 나일까? 나의 몸이 나일까? 인류의 오랜 질문임에도 불구하고 이 질문에 답하는 일은 여전히 난감하다. 우리를 미궁에 빠뜨린다.

심리학적 설명들은 종종 '나'를 내면 어딘가에 숨겨져 있는 고유한 내적 특성으로 설명한다. 사회적 가면을 뜻하는 '페르소나(persona)'와 분리된, 진짜의 자아가 내면 어딘가에 숨어있다고 말이다. 〈자아〉라는 책을 집필한 심리학자 필립 맥그로우(Phillip McGraw)는 자아를 다음과 같이 정의한다.

참된 자아란 자신의 가장 깊은 내면에서 발견되는 자아다. 그것은 당신의 직업이나 지위 혹은 역할로 규정할 수 없는 것이다. 그것은 당신만이 가지고 있는 재능, 기술, 능력, 관심, 수완, 통찰, 지혜를 통틀어 일컫는 말이다. 그것은 당신이 이미 그렇게 살아가고 그렇게 행동하도록 만들어졌다고 믿게끔 조작된 것과 달리 당신만이 가지고 있는 고유한 힘과 가치를 가리킨다. 그것은 당신이 가장 행복하고 가장 충만한 순간에 부지불식간에 피어나는 자아를 말한다.[54]

'진짜의 나'가 은폐되어 있고 잊혀 있으며 망각되어 있다면 이를 찾아 발굴하면 된다. 시인 라이너 마리아 릴케(Rainer Maria Rilke, 1875 ~ 1926)도 젊은 시인 지망생 카푸스에게 진정한 예술에 대해 이렇게 충고한다.

주위를 둘러보십시오. 지나가버린 아득한 과거의 가라앉은 감동을 다시 캐내어 보려고 애쓰십시오. 그러면 당신의 개성은 굳어지고, 고독은 넓어져서 어두컴컴한 방이 될 것입니다. 다른 사람들이 내는 시끄러운 소음은 멀리 사라질 것입니다. 그렇게 안으로 전환해서, 자기 세계 속 침잠으로부터 시가 나오게 되면 당신은 그 시가 좋으냐고 누구에게 물어볼 생각은 하지 않게 될 겁니다 …… 그저 당신은 자기 작품 속에서 자랑스럽고도 자연스런 재화(財貨), 즉 자기 생명의 한 편린, 그 생명의 소리를 듣게 되기 때문입니다.[55]

릴케는 예술가가 되기 위해서는 반드시 진짜 자신이 되어야 한다고 말한다. 위선과 가식을 벗어던지고, 고독과 함께 깊은 내면의 세계 속으로 침잠해 들어가 진정한 자아를 만나라고 권고한다. 자아는 사회적 관습이나 기대 때문에 억압되어 있으므로 이를 발견하고 표현해야 한다. 하지만 '진짜 자아'가 내 안 어딘가에 숨겨져 있다는 이 말은 왠지 선뜻 수용하기 어렵다. 예를 들어 프로이트 같은 사람들은 '나'에 대한 우리들의 믿음이 허구임을 주장했다. 프로이트에 따르면 자아는 욕망의 하인이며, 이를 감추기 위한 하나의 파사드(facade)에 불과하다. 우리 안에는 이러저러한 요인들에 의해 억압된 충동적이고 파괴적인 욕망이 뒤섞여 있다. 공적 생활에서 경험하는 불안, 갈등, 긴장은 바로 이 억압된 욕망 때문이다. 그러니 자아란 억압된 무의식이며, 어디서 왔는지도 알 수 없고 쫓아버릴 수도 없는 예측 불가의 충동 덩어리이다. 이런 병적 자아를 과연 진정한 자아라고 말할 수 있을까?

정신분석학에서 보는 자아의 개념은 차치하더라도 우리의 심연 어딘가에 보다 진실한 자아가 있다는 생각은 몇 가지 의문을 남긴다. 우리는 과연 내면의 진짜 자아가 정확히 무엇인지 알 수 있을까? 침묵 속에서 자신이 누구인가를 묻는다면 어느 날 자아가 그 본모습을 드러내긴 하는 것일까? 무엇이 내적 자아에 포함되고, 또 무엇이 제외되어야 할까? 진정한 자아가 아니길 기대하는 것들 속에 진정한 자아가 있을 수 있고, 또 그 반대로 진정한 자아라고 믿는 것들 속에서 그렇지 않은 것들이 있을 수 있지 않을까? 더군다나 '나'라고 믿는 대부분은 온전히 내 것이 아니라 매스미디어가 가르쳐준 것이거나 그로 인한 환상, 유행에 불과한 것이라면 대체 '나'라고 말할 수 있는 것은 무엇일까? 내적 자아에 대한 탐색은 생각할수록 더 많은 의문을 낳는다. 대체 자아란 무엇이고 어디에서 찾는단 말인가?

## 자아, 그 허상과 신기루

더욱 진실한, 주체적 자아가 우리들 심연 어딘가에 존재한다는 믿음은 근대식 사고의 산물이다. 포스트모던의 관점에서 보면 이런 주체 중심의 생각들은 착각이거나 망상이다. '나'는 오히려 다중적이고 탈중심적이다. 자아는 고유한 그 무엇이 아니라 매 장면에서 다양한 역할을 수행하기 위해 착용하고 있는 마스크처럼 여러 모습의 조합에 가깝다. 우리는 살면서 다양한 역할을 중복적으로 수행한다. 부모로서, 자녀로서, 직업인으로서, 종교인으로서 다채로운 모습을 보인다. 이 역할 모두를 최종 주관하는 또 다른 중심적인 '나'가 있을 법하지만, 사실 그런 자아가 있다고 할 만한 근거는 어디에도 없다. 또 굳이 그것이 존재해야 한다고 믿을 이유도 없다. '어제의 나'와 '오늘의 나'가 같을 수는 없고, '내일의 나' 역시 '오늘의 나'와 같을 수 없다면, 자아는 고정된 주권적 실체가 아니다. 그보다 다양한 외부 세력들에 의해 항상 새롭게 구성되고 변모해가는, 그래서 새롭게 탄생하고 있는 유동성 그 자체라고 해야 옳다.

구성주의의 시각에서 보면 인간은 특정한 공동체의 일원이 되는 순간부터 그 사회의 관례와 언어를 습득한다. 언어와 관례를 습득하는 동안 우리는 언어를 통해 '나는 누구인가'에 대한 정체성을 획득한다. '나'에 대해 알고 있는 것들은 내가 살아가고 있는 역사, 사회, 문화의 저장고에서 유래한 것들이다. 과격하게 말하면 자아는 역사, 사회, 문화에 의한 우연적 산물이다. 내면에 순수한 자아가 있다고 할 만한 근거가 없고, 또 거기에는 규범적으로 어떠해야 한다는 구속력도 없다. 결국 '나'라고 불릴 만한 대상은 존재하지 않는다.

자아의 이 같은 속성은 행위 주체자로서 우리의 존엄을 심각히 훼손한다. 최근 신경과학이 밝혀낸 자아관도 이러한 관점을 뒷받침한다. 미국의 뇌 과학자 폴 맥린(Paul D. MacLean)은 우리의 뇌가 세 수준으로 중첩되어 진화했다고 한다. 가장 오래된 뇌의 영역으로 파충류의 뇌가 있고, 다음으로 포유류의 뇌, 그리고 가장 최근에 진화한 영장류의 뇌가 있다는 것이다. 파충류의 뇌는 무의식적인 반응을, 포유류의 뇌는 우리의 감정반응을 관장한다. 위험이 닥쳤을 때 싸울 것인지 혹은 도주할 것인지를 선택하는 것에서부터 성욕, 식욕 등을 관할한다. 그리고 영장류의 뇌가 가장 고등한 방식으로 사건과 에피소드를 기억하거나 논리적 추론을 담당한다. 파충류의 뇌는 뇌간과 소뇌에 해당한다. 이는 2억 년 전에 발달하여 기본적인 무의식적 행위들을 관장한다. 구포유류 뇌는 변연계에 해당한다. 이는 2억 6백만 년에서 1억 4천만 년 사이에 등장했다. 그리고 가장 최근에 발달한 세 번째 영역이 '영장류의 뇌'로 신피질 또는 대뇌피질이 여기에 해당한다.

데카르트 이래 근대적 사고방식으로는 주체적인, 단일한 자아가 존재했다. 그런 믿음은 우리의 뇌 안에 삶의 연속적 경험을 통일시킬 수 있는 어떤 중추(호문쿨루스 homunculus라고 불린다)가 있을 것이라는 추론을 가능하게 하지만, 이는 진실이 아니다. 기억상실증 환자에게 '과거의 자아'가 존재하지 않고, 또 자신이 죽었다는 망상에 빠지는 코타드 증후군(Cotard syndromes) 환자들 역시 자신이 살아있다는 사실조차 자각하지 못한다. 알츠하이머 환자들은 불행하게도 이전의 자아 자체에 대한 모든 기억을 상실한다. 일찍이 데이비드 흄은 〈인간 본성에 대한 논고〉에서 '나 자신이라고 부르는 것 속으로 깊이 파고들 때면, 늘 이런저런 지각, 이를테면 열기나 냉기, 빛과 그림자, 사랑과 증오, 고통과 쾌락, 색깔과 소리 등과 마주친다. 나는 이런 특정 지각과 구분되는, 오롯한 나 자신을 결코 포착하지 못한다.'라고 말했다.

포스트모더니즘적 시각과 신경과학의 연구들이 보여주는 자아관은 자아의 본질에 대한 근본적 회의를 불러일으킨다. 의식을 통제하고 주관할 수 있는 주권적 자아가 존재하지 않는다면 자아란 분열된 아노미라는 말인가? 자아가 우리의 상상이 만든 신기루라면 현재 내가 느끼고 있는 이 자아에 대한 의식은 대체 무엇이란 말인가? 그것이 뇌가 만든 하나의 환상이라고 한다면 그것이 자아라는 것 자체를 부정할 만큼 무의미하다는 것인가? 여전히 나는 신체를 가지고 있고 내 의식을 통제하며 내 생각과 행동을 결정하고 있는데, 대체 이 '나'란 무엇이란 말인가?

# 서사적 자아

영국의 철학자 줄리어 바지니(Jullian Baggini)는 뒤죽박죽 혼란스럽게 이어지는 단편적인 경험과 기억들을 가지고 통합된 '나'라는 강력한 의식을 만들어 내는 것은, 뇌의 심리적 속임수라고 말한다. 이런 속임수가 성공함으로써 자아는 정말로 존재한다.[56] 자아는 어떤 실체가 아니라 우리의 의식이 만들어낸 트릭이다. 하지만 이 사실은 결코 우울한 소식이 아니다. 자아는 정신의 구조물이다. 경험은 그 구조물을 계속해서 변화시켜 나가는 사건들이다. 구조물은 끊임없는 수리와 부분적인 파괴, 재건을 버티어 낼 뿐 아니라 지속해서 새로운 자아 감각을 벼린다. 이런 사실은 실존적으로 중요한 함의를 내포한다. 자아는 결코 엄밀한 의미에서의 동일성을 유지하는 것은 아니지만, 그 묶음의 구성요소들을 변화시켜가면서 변화, 성장, 창조되어 간다는 것이다.

우리는 자아를 새롭게 창조할 수 있다. 우리는 모두 자기 삶의 전기작가다. 작가는 스토리를 만들어 낸다. 우리는 우리의 경험을 선택적으로 재구성함으로써 창조자의 신분을 획득한다. 자아는 그 안에서 태어나고 그 안에서 살아간다. 이를 '내러티브 셀프, 서사적 자아(narrative self)'라고 부른다. 우리는 쉼 없이 마주치게 되는 상황에 따라 지속해서 과거에 대한 기억, 미래에 대한 희망을 품고, 자신이 누구인지 왜 그 일을 하는지에 관한 이야기를 만든다.[57] 의미를 만들고, 정체성을 창안하는 방법으로 삶의 이야기를 활용하는 것이다. 서사적 정체성은 개인에게 내면화된, 지속적으로 진화하는 스토리다. 과거를 재구축하고 미래를 상상하며, 우리 삶을 의미 있고 일관성이 있으며, 목적 있는 삶으로 통합한다.[58] 리쾨르는 '사람의 삶은 이야기할 필요가 있고 이야기할 가치가 있다'[59]고 말했다. 생각해 보라. 우리는 언제든지 삶의 다양한 사건들과 일화들을 기억해내고, 이를 하나의 이야기로 만들어 내는 특별한 능력을 가지고 있지 않은가. 우리는 이야기 속에 빠져들고 이야기에 흥분하며 이야기하는 과정에서 자신을 인식하는 동물이다.[60]

뇌 손상으로 인해 이야기하는 능력에 심각한 손상으로 입은 신경학적 질병이 있다. 이를 '디스내러티비아(dysnarativia)'라고 부른다. 이런 사람들은 알츠하이머 환자처럼 자아 감각이 심각히 붕괴되어 있어 자신이 누구인지 알지 못한다. 만일 지금 우리가 삶에 관해 일관된 스토리를 가질 수 없다면 자신의 서사가 무너진 것이다. 과거의 의미를 설명할 수 없고, 세상과 관계 맺는 방법을 모를 뿐 아니라 삶을 어디로 안내해야 하는지 알 수 없다면 실존적 미아가 된 것이다. 그러니 자신을 하나의 스토리로 재구성할 수 있다면 우리의 자아도 그만큼 선명성을 획득한다.


나름대로 자수성가한 한 창업자가 말했다.

"처음 사업을 시작할 때 말할 수 없는 수모를 당했습니다. 갑질의 횡포였죠. 그때 한 가지를 스스로 약속했어요. 내가 언젠가 갑의 위치에 서면 절대로 사람들에게 인간적인 모욕을 주는 일은 하지 않겠다고요. 그간 말할 수 없는 서러움을 겪었지만 그래도 정도를 지켜왔습니다. 지금 우리 회사의 최고 가치는 단연코 '인간에 대한 사랑'입니다."

우리는 경험을 기억하고 회상하며 이야기를 만들고 다시 그 이야기를 통해 미래를 만든다. 설령 일부의 과장, 손실이 있다 하더라도 경험이 기억의 과정을 거쳐 의미를 부여받는다면 이야기는 우리 자신이 된다. 나아가 자신을 감동하게 하는 극적 구조의 스토리를 얻었다면, 그래서 그와 같은 삶을 살아간다면, 그 서사는 우리에게 진정성 있는 체험을 선물한다.

## 삶의 전기작가 : 과거와 화해하기

"모든 생명체, 나뭇잎이나 새들은 삶의 비밀을 간직하고 있기 때문에 살아 있는 거야. 그게 우리와 진흙 덩이의 차이야. '이야기'가 있다는 것. 이야기가 바로 생명이야."

2차 세계대전이 한창인 나치 치하의 한 독일 마을에 전쟁이 만든 절망, 불안, 두려움, 그리고 죽음의 기운이 가득하다. 부모를 잃고 양부모 밑에서 어렵게 자라던 주인공 리젤은 읽지 못하고 쓰지도 못한다. 하지만 자신의 집 지하실에 숨어 지내던 유대인 청년 막스를 통해 글을 배우고 책을 읽게 되면서 세상에 눈뜨게 된다. 비참하고 끔찍한 전쟁의 모습들을 리젤은 이야기를 통해 감동적인 한편의 서사로 바꾸어 간다. 리젤은 스스로 자기 삶의 전기작가가 됨으로써 감동적인 인생을 만들어냈다. 영화 〈책 도둑〉의 이야기다.

어떻게 삶의 서사를 만들 수 있을까? 상시 위협과 불확실성이 존재하고 쉼 없이 유혹하는 자극들 속에서 서사를 만들려면 우선 스스로 내적 권위를 가져야 한다. 흩어진 자극과 경험을 하나의 인과 구조로 묶어 내고 의미 없는 사건들을 장악해 가면서 구태의연한 뻔한 이야기 대신, 꿈과 이상을 실현하는 감동적인 이야기를 써 내려가야 한다.

자기 서사를 복원하는 첫 번째는 과거와의 화해다. 과거는 지나간 사건이 아니라 기억되고 있는 동안 명백한 현재다. 과거의 기억 중 핵심 기억이 있다. 고통과 상처를 주었던 사건들이 그것이다. 나는 사람들과 이야기하다 보면 과거의 어떤 기억으로 인해 울음을 터뜨리는 사람들을 자주 본다. 그들은 상처를 덮어두고 있다가 어느 날 그 상처의 희생자가 된 처량한 자신을 발견하고는 주체할 수 없는 감정을 폭발시킨다. 가슴 아픈 일이다. 하지만 과거를 볼모로 인생의 미래를 제약할 권리는 어디에도 없다. 과거는 상처가 아니라 더 정확히 말해 상처로 기억되었을 뿐이다.

자존감이 떨어져 있거나 불안감을 느끼거나 남을 지배하고 공격하려 한다거나 쉽게 타인을 평가하려 든다면, 어떤 과거의 기억이 내 안에 화해되지 않은 채 남아 현재의 자아상을 왜곡하고 있는 것이다. 영화 〈굿윌헌팅〉에서 주인공 윌은 수학에 관해 천재적인 재능을 가졌지만 불우한 환경으로 인해 MIT 공대의 청소부로 일한다. 윌은 교수들조차 풀기 힘든 문제를 손쉽게 풀어내지만, 자신이 누구인지 밝히기를 꺼린다. 그러던 어느 날 램보 교수가 그의 놀라운 재능을 발견한다. 램보 교수는 백방으로 그의 재능을 살리기 위해 자신의 친구이자 정신과 의

사인 숀 맥과이어에게 윌의 상담을 의뢰한다. 윌은 어린 시절 부모의 학대 속에서 성장해왔던 까닭에 세상과 사람에 대한 극도의 삐뚤어진 시선을 갖고 있다. 그의 상처는 그의 천부적 재능을 속박하고 굴절시켰다.

과거와 화해하는 한 가지 방법은 애도하기다. 애도하기란 억압된 감정, 상처를 위로하고 상실을 수용하는 것이다. 생각해 보자. 상처가 있다는 말은 세상으로부터 거부당한 어린아이(inner child)가 우리 안에 살고 있다는 말이다. 그 때문에 불안과 공포를 경험하고, 자책과 죄의식 속에서 자신을 혹독히 처벌해 온 것이다. 이 아이를 애도할 우선적 책임은 바로 우리 자신에게 있다. 하지만 우리는 이 상처 입은 어린아이를 인정하고 싶어 하지 않는다. 상처의 아픔이 너무 커서, 혹은 그 상처를 시인하게 될 때 입게 될 또 다른 상처가 두려워서 이 아이를 캄캄한 골방에 방치한다. 하지만 그럴수록 우리는 과거에 발목이 붙들린다.

정신과 의사이자 그의 따뜻한 친구가 되어주었던 숀이 윌에게 말한다.

"네 잘못이 아니야."

"……."

"네 잘못이 아니야."

상처의 대부분은 상처를 입은 자신에 대한 비난과 자책, 그리고 깊은 죄책감으로 발전한다. 상처가 증식되면 자아상에 깊은 상흔을 남긴다. 그러므로 애도한다는 것은 무시하고 억압하고 분석하고 해부하는 것이 아니라, 그냥 그 상처를 응시하는 것이다. 판단을 중지하고 자신을 보듬는 것이다. 자신을 가두어버린, 달리 어쩔 수 없었던 자신에게 화해의 손길을 내미는 것이다. 하여 손이 말한다.

"네 잘못이 아니야."

부끄럽고 수치심 가득한 자신을 아량과 관대함, 깊은 신뢰로 보듬을 때 우리는 안간힘을 써 지탱해야 하는 허영을 벗고 자신의 본모습을 만난다.

다음으로 과거와 화해하려면 말해야 한다. 말하기는 그 상처를 언어로 표현함으로써 외로움, 우울, 고립된 감정에서 벗어나는 것이다.[61] 애도하고 나면 말하기(글쓰기)를 통해 자신의 상처를 밖으로 드러낼 수 있어야 한다. 깊은 상처, 깊은 수치심이라면 이를 드러내는 것은 위험한 일이다. 심리학자 브레네 브라운(Brene Brown)은 자신의 약점과 수치심을 인정하고 이를 드러낼 수 있는 용기야말로 진정성이라고 말한다. 진정성은 다른 게 아니라 '있는 그대로의 자신을 받아들이는 습관'이다.[62] 자신의 모습을 담백하게 드러냄으로써 자기를 통제하는 것이다. 이런 '말하기'는 더불어 우리의 이야기를 듣는 사람들과 새롭게 관계를 복원한다. 그들과 깊이 교감하고, 연대한다. 자기 독백의 나르시시즘을 극복한다.

프로이트나 일군의 학자들이 주장하는 것처럼 인생은 과거의 상처에 속수무책으로 맡겨진 것만은 아니다. 미래를 결정하는 것은 과거가 아니라 과거에 대한 우리들의 해석이다. 연구에 의하면 그것이 얼마나 정확한 것인지와 관계없이 과거와 화해한 사람들은, 그렇지 않은 사람들에 비해 더욱 행복하고 건강한 삶을 살았다.[63] 심지어 아우슈비츠의 강제수용소에서 살아남은 사람들 중에는 감당할 수 없는 끔찍한 고통의 나날을 겪었음에도 이를 특별한 나날로 기억하고 있었다. 그들은 과거를 새로운 현재로 바꾸는 놀라운 서사를 가지고 있었던 것이다.

## 삶의 전기작가 : 미래의 기획

과거와 화해한 사람들은 기억을 재편함으로써 높은 자존감을 얻는다. 높은 자존감을 가지면 미래를 과감히 열어젖힐 수 있는 힘이 있다. 과거가 존재의 뿌리가 되어 자신을 진심으로 사랑할 수 있게 되기 때문이다.

미래의 서사를 써 내려가려면 두 가지 작업이 필요하다. 첫째는 자신이 살아가고 있는 시대와 역사를 읽는 일이다. 시대와 역사는 우리 삶의 물적 토대다. 우리는 이 토대와 동떨어진 진공 상태에서 살아가는 것이 아니다. 함께 살아가는 사람들의 상처와 고통, 자신이 속한 공동체의 열망과 기대 속에서 살아간다. 그러므로 이를 읽을 수 있어야 한다. 그래야 그를 치유할 수 있는 자아의 미래를 기획할 수 있다. 부모는 아이의 상처와 열망을 읽음으로써 좋은 부모의 역할을 창안한다. 리더는 구성원의 상처와 열망을 읽음으로써 자신의 사명이 무엇인지 발견한다. 기업은 고객들의 상처와 열망을 치유하고자 미지의 길을 찾아 혁신한다.

두 번째는 자기만의 신화를 창조하는 것이다. 아픔과 상처, 열망과 기대에 대한 긍휼감은 우리의 신화를 독창적이고 고유하게 만든다. 신화란 죽음을 향해 달려가는 허무의 대지 위에 의미의 탑을 쌓아올리는 일이다. 자신의 꿈과 이상을 실현하고 세상을 구원하는 영웅적인 이야기를 만드는 것이다. 이 신화의 핵심 플롯은 단연코 우리 삶의 목적지(purpose)다. 목적은 신화의 극적 결말이다. 우리가 살아가는 이유이며, 영웅이 만들어내고자 하는 최종 결과물이다. 목적이 있어야 이야기는 일관성을 가지고 극적 결말로 치닫는다. 누구를 위해 어떤 삶을 어떻게 살아가야 하는지가 드러난다.

목적을 찾는 일은 다섯 번째 관문에서 보다 깊이 논의해보자. 대신 여기서는 미래의 이야기를 만들어 가는데 참조가 되는 심리학자 맥아담스(McAdams) 연구를 소개하고자 한다. 그는 '생산적인 삶(generative life)'을 산 50대 이상의 사람들을 인터뷰하고, 그들의 내러티브를 통해 한 개인의 성공적인 스토리가 어떤 모습인지를 보여주었다. [64] 우리가 어떻게 미래의 신화를 써 내려가야 하는지 기초가 될 수 있다.

- 일관성이 있다. 인과관계가 있고 맥락상 모순이 없다.
- 개방적이다. 이야기는 다시 열려 있고 지속적으로 변화하고 성장한다.
- 신뢰롭다. 창조적이지만 사실에 기반하여 심한 왜곡이 없다.
- 분화되어 있다. 이야기는 깊고 풍부하며 복잡하다.
- 화해한다. 모순, 갈등, 충돌을 극복하고 해결한다.
- 통합된다. 의미, 가치를 전달하고 사회적 함의를 가져 다른 사람의 신화창조에 기여한다.

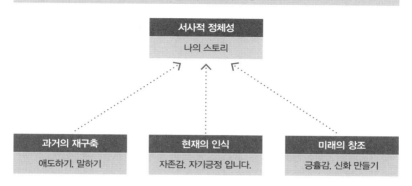
그림 8. 서사적 정체성

서사적 정체성
나의 스토리

| 과거의 재구축 | 현재의 인식 | 미래의 창조 |
|---|---|---|
| 애도하기, 말하기 | 자존감, 자기긍정 입니다. | 긍휼감, 신화 만들기 |

　미래의 신화는 회의와 체념을 넘어서 희망을 만든다. 신성한 의무와 책임을 알려준다. 그래서 도전하고 실험해야 할 과제가 무엇인지를 알려준다. 자신을 성장과 진보의 대열에 서게 한다. 구슬을 움켜쥔다고 해서 목걸이가 될 수 없고, 바라보고 기다린다고 해서 저절로 구슬이 꿰어질 리 없다. 자신의 미래를 감동적인 스토리로 만들고, 미래와 현재 사이의 갭을 부단히 메워갈 때 우리는 자아의 이상, 진정성을 구현한다.


✥

자아가 우리 내면 깊숙한 곳에 자리하고 있다는 낭만주의적 접근은 생각보다 우리를 혼란에 빠뜨린다. 그보다 자아가 자신이 만들어가는 한 편의 서사, 즉 스토리라는 사실은 우리가 삶을 하나의 예술품으로 창조할 수 있다는 것을 보여준다.
삶의 전기작가로서 우리는 우리 자신과 세상을 감동시킬 수 있는 멋진 신화를 만들어 갈 수 있다. 흩어진 기억들을 한데 묶고, 달려가야 할 미래의 종착지를 설정하고,

어떤 난관과 장애에 맞서야 하는지, 그를 어떻게 극복해야 하는지를 설계할 수 있다. 과거 기억이 남긴 상처로 자신을 제약하는 대신, 자부심과 긍지, 자기다움, 진실함을 전해주는 자기 대본의 주인이 될 수 있다.

## 스토리와 리더십

하워드 가드너는 리더십을 다른 사람의 사고, 감정, 행동에 의미심장한 영향을 미치는 능력이라고 정의한다.[65] 이 말에서 핵심은 '의미심장'이다. 다른 사람에게 의미심장한 영향을 미치려면 어떻게 해야 할까? 사람들의 마음을 움직일 수 있는 리더는 자신의 고유한 스토리가 있어야 한다. 스토리란 사람들의 상처와 고통을 치유할 수 있는 리더의 목적, 비전, 가치다. 스토리 자체가 없거나 이 스토리가 다른 사람을 공감시키지 못하는 리더들이 있다. 전자는 자기 부재의 공허에, 후자는 도그마의 함정에 빠져있다. 그래서 전자는 개성이 없고 후자는 독단적이다.

리더십의 숙제는 자신의 신념, 철학이 담긴 스토리가 어떻게 세상과 공명할 수 있느냐를 번뇌하는 것이다. 좋은 책, 영화, 소설, 음악은 타인의 마음속에 공명을 일으킨다. 그 스토리들은 처음에는 독창성을 갖지만, 점차 보편성을 획득한다. 마찬가지로 성공하는 리더들은 고유하고 독창적인 스토리를 만들고, 이를 열정적으로 사람들의 가슴속에 전달한다. 그리고 실제적인 변화를 만들어냄으로써 스토리의 진정성을 증명한다. 소수를 다수로, 심지어 반대자를 지지자로 만든다.

오늘 우리 사회 리더십의 문제는 다음 세 가지에서 연유한다. 첫째는 스토리가 일천하다는 데 있다. 철학과 신념이 없는, 단지 결과에 매몰된, 또는 어디선가 베낀 조악한 스토리로 인해 구성원들의 영감을 불러일으키지 못한다. 둘째는 그 때문에 온갖 규칙과 인센티브, 전략과 전술, 기법과 테크닉이 난무한다는 것이다. 셋째는 이로 인해 사람들의 가슴에 상처를 입히면서 직장과 일에 대한 의미를 없애버렸다는 것이다.

그러므로 리더십을 발현하려면 자신의 고유성과 사회적 욕구로부터 찾아낸, 따뜻하지만 전복적인 스토리를 품어야 하고, 그를 위해 사람들의 상처와 고통의 근원으로 들어가 이를 치유하는 긍휼감을 발현해야 하며, 꾸준한 실험과 도전을 통해 변화를 성취함으로써 자신의 진정성을 증명해야 한다.

## 진정성을 위한 생각훈련

1 '자아가 특정한 사물, 고정된 실체가 아니라 끊임없이 유동하고, 확장하는 프로세스'라는 사실은 당신의 자아관에 어떤 의미를 주는가?

―――――――――――――――――――――――――――――

2 과거의 슬픔과 우울함에 지배당하고 있는 사람들은 불행한 현재를 정당화하고 미래의 가능성을 차단한다. 슬픈, 혹은 분노하고 있는 과거의 어두운 기억이 망령처럼 살아 자신을 가로막고 있기 때문이다. 당신에게 이런 과거의 상처가 있는지 생각해 보라. 그리고 이를 글로 1페이지 이상 적어보라. 그때의 감정, 생각을 떠올리고 그 사건이 현재의 자아상을 어떻게 왜곡했는지 분석해 보라.

―――――――――――――――――――――――――――――

3 어떤 사람들은 전략, 기술, 기법을 찾는데 급급하다. 이것이 중요하지 않은 것은 아니다. 하지만 다짜고짜 이런 비법에 의존하는 사람들은 자신을 실용적이라고 생각할지 모르지만, 삶을 단지 도구로 이용하려는 것이다. 삶은 자신의 이야기(story)를 타인의 가슴속에 전달하여 공명을 일으키는 일이다. 남들의 이야기를 반복하고, 뻔한 전통을 그대로 전달하는 일로는 이것이 가능하지 않다. 감동적이고 자부심을 주며, 변화와 혁신을 추동하는 매력적인 스토리가 있어야 한다. 평소에 당신은 사람들에게 어떤 스토리를 들려주고 있는가? 사람들은 이런 스토리에 공감하고 감동하는가? 혹 스토리가 없거나 유치한 스토리가 있다면 왜 그렇게 되었는지 설명해 보라.

―――――――――――――――――――――――――――――

4 장차 어떤 사람으로 기억되고 싶은지 생각나는 대로 글을 적어보라. 당신의 스토리가 다른 사람들에게 좋은 대본이 될 수 있도록 아름다운 스토리를 만들어보자. 자부심. 긍지, 나다움이 느껴지는 이야기를.

―――――――――――――――――――――――――――――

**5**

# 목적
## 진북을 찾다

진정성의 핵심은 목적을 발견하고,
그와 부합하는 삶을 살아가는 것이다. 인생의 목적은 유한자로서의 실존적 자각,
구체적인 삶의 경험, 그리고 고난과 시련의 과정에서 개시된다.

## 삶의 의미 또는 허무

"아무것도 없어. 나는 그것을 오래전부터 알고 있었어. 그러니까 아무것도 할 게 없는 거야. 나는 그것을 깨달았어."[66]

중학교 1학년생, 피에르 안톤은 개학식 첫날 아침 이렇게 말하고서는 소지품을 챙긴 뒤 교실 밖으로 뛰쳐나갔다. 학교를 떠난 안톤은 정원 한가운데 오래된 자두나무 위에 올라앉아 등교하는 아이들에게 인생의 허무를 퍼뜨린다.

"중요한 것은 아무것도 없어, 시작되는 모든 것은 끝나게 마련이니까. 너희는 태어난 그 순간에 죽어가기 시작한 거야, 모든 게 다 이런 식이야."

아이들은 등굣길에서 안톤의 이야기를 반복해서 듣는다. '삶에 특별한 의미가 없다'는 그의 주장에 맞서 남아있는 반 아이들은 이제 '삶이 의미 있다'는 사실을 증명해야만 한다. 그렇지 않으면 매일 학교 가기를 반복하고 있는 그들의 일상이 설명되지 않으므로.

그때부터 아이들은 목공소 창고에 각자가 '의미 있다'고 생각하는 물건들을 가져오기로 약속한다. 하나하나 물건들이 쌓이면서 이른바 '의미의 산'이 만들어진다. 하지만 아이들은 서로가 진짜 의미 있는 것들을 숨기고 있다고 의심한다. 결국 한 아이가 이것을 폭로하자 그때부터 아이들은 서로를 고자질하기 시작했고, 이 행동은 각자의 물건들을 의미의 산에 가져오게 하는 과격한 행동의 연쇄로 발전한다. 의미의 산에는 누군가가 아끼는 햄스터, 망원경, 국기, 일기장, 죽은 동생의 관, 머리카락, 자전거, 어떤 아이의 순결, 신데렐라의 목, 기타 치기를 좋아하는 아이의 오른쪽 검지 등이 쌓여간다. 도대체 왜 그랬을까? 그 모든 것들이 쌓이고 있었지만 정작 아이들은 그것들이 달리 특별한 의미를 주고 있다는 사실을 발견하지 못한다.

얀네 텔러(Janne Teller)는 소설 〈아무것도 아니야〉에서 인생이 과연 의미가 있는 것인지, 있다면 어떤 의미가 있는 것인지를 묻는다. 삶은 정말 의미가 있는 것일까? 인간은 마음 한쪽에서 사라지지 않는 허무를 애써 덮어놓고 의미가 있는 척, 혹은 없는 의미를 찾기 위해 발버둥치는 것은 아닐까? 그래서 쉬이 특정 소유물, 사회적 성취, 대중적 관심을 의미라고 간주하는 오류를 범하고 있는 것은 아닐까? 포스트모더니즘이 주창하는 것처럼 삶의 의미 따위란 원래부터 존재하지 않는 것인지도 모른다. 어차피 우리는 태어나는 순간부터 자신이 태어난 그 이유를 알 수 없고, 단지 주어진 운명의 수레바퀴가 만들어가는 정해진 트랙을 따라갈 뿐이 아니던가.

그런데도 우리는 한 시도 의미 없다는 사실을 견디기 어렵다. 우리는 자신의 삶이 의미 있다는 것을 애써 강변한다. 가족의 행복, 승진, 졸업, 어떤 일, 자신의 취미, 심지어 배신과 사기마저 특별한 메시지가 있다고 매일 그 '의미의 산'을 쌓는다. 모든 일이 허무 속으로 사라질 것이라는 두려움은 의미에 집착하게 만든다. 심지어 '의미가 없다'는 말도 의미가 있다고 말하지 않던가. 아마도 안네 텔러가 진심으로 말하고 싶은 바는 의미가 없다는 사실이 아니라, 우상화된 의미를 쫓는 삶이 얼마나 허망한 것인가를 지적한 것인지 모른다. 의미 있다고 생각하는 것들에 대한 오해, 혹은 이것들에 대한 강박적 집착이 삶의 의미를 블랙홀 속으로 빠뜨린다. 허무하다는 사실을 부정한다고 해서 의미가 생기는 것은 아니다. 오히려 허무하다는 사실로부터 자신의 삶을 정직하게 대면할 때 삶의 진정한 의미가 되살아오는 것은 아닐까.

## 허망한 의미의 산

오늘날 사람들이 만들어가는 허망한 '의미의 산'은 대체로 두 가지다. 하나는 '행복의 산'이고 다른 하나는 '권력의 산'이다. 쾌락을 추구하는 삶은 고통을 줄이고 즐거움을 늘리는 것이다. '여유롭고 평화로우며 안락한 삶'은 오늘날 행복의 산을 쌓는 사람들이 꿈꾸는 전형적인 모습이다. 아리스토텔레스가 말한 '에우다이모니아(eudaimonia)'가 영어로 'happiness'로 번역되면서 우리가 통상적으로 사용하는 행복은 단지 즐거움과 고통이 없는 신체적 안녕으로 축소되었다. 아리스토텔레스는 행복이란 인간의 본질인 '이성'을 가장 잘 발휘하여 용기, 정의, 우애, 관대함 등의 미덕에서 최고의 탁월함을 보이는 것이라고 말했다.[67] 자기 훈련과 정진의 결과로 만나게 되는 선이 최고의 행복이다.

살다 보면 고통스럽고 불편하고 모면하고 싶은 순간이 얼마나 많은가. 그 순간들이 훗날 특별한 기억과 함께 더없이 가치를 준다는 것을 안다면, 지금 논의되고 있는 행복의 의미는 전혀 달라져야 한다. 술과 마약이 행복감을 준다고 해서 그것을 행복의 원천이라고 말할 수는 없다. 자녀가 말썽을 부린다고 해서 자녀를 불행의 원천이라고 말할 수 없다. 행복은 삶에 의미를 주는 목적과 그를 향해 정진해 가는 삶이지 감각적 경험을 탐험하는 일이 결코 아니다. 프로이트는 암으로 극심한 고통을 경험하며 죽어가는 동안 아스피린 이외에 어떤 진통제도 거부했다. 프로이트의 전기를 쓴 어니스트 존스(Ernest Jones)는 프로이트가 이렇게 말했다고 기록했다. "나는 명징하게 사고하지 못하느니 차라리 고통을 견디며 사고하겠다."[68] 그에게는 고통을 피하는 일, 다시 말해 단순한 쾌락과 즐거움을 느끼는 일은 주체적 의식을 갖고 살아가는 일보다 행복한 일이 아니었다.

쾌락과 즐거움을 행복으로 오인하면 즐거움이 없는 순간은 고통과 허무가 된다. '쾌락 적응 현상' 때문이다.[69] 여행을 떠나기 전 흥분된 감정은 여행이 끝난 뒤 여지없이 사라진다. 갖고 싶었던 물건을 가지게 되었을 때 그 흥분은 몇 달을 지속하지 못한다. 쾌락은 충족되는 순간 더 이상 우리 뇌를 만족시키지 못한다. 존 스튜어트 밀은 '쾌락, 고통으로부터의 자유가 유일하게 바람직한 목표'라고 말한 바 있다. 하지만 고통이 없는 즐거움만이 행복이라고 주장하는 것은 맞지 않는다. 의도적으로 뇌의 시상하부 주변에 있는 쾌락 중추를 자극하면 쾌감을 지속할 수 있다. 그렇다고 해서 이런 자극을 의도적으로 받으면서 살라 하면 이를 원하는 사람은 아무도 없을 것이다. 마찬가지로 우울함을 느끼고 있다고 해서 행복하지 않다고 단언할 수는 없다. 우울한 기분은 뇌의 신경전달물질이 불균형하기 때문에 발생한 것일 수도 있고, 잠깐의 감정 변화가 초래한 일시적인 현상일 수도 있다. 감각적 쾌락과 일시적 우울함으로 삶의 행복을 판단하는 것은 오류다. 의미가 없어도 즐거움을 경험할 수 있고, 즐거움을 느껴도 의미가 없는 경우는 허다하다.

두 번째로 '권력의 산'은 어떨까? 권력이 불안을 없애리라 생각하는 것은 쾌락이 불안을 없앤다고 믿는 것만큼이나 망상이다. 권력은 특정한 직위, 부가 만들어내는 통제력을 뜻한다. 설령 아무리 많은 권력을 가졌다고 해도 그것으로 사람을 움직일 수는 없다. 권력은 유지되는 동안만 한시적으로, 그것도 피상적으로 사람들의 복종을 유발할 뿐이다. 권력으로 힘을 행사하는 것은 사람을 도구화하고 사람 위에 군림하려는 불손함이 깔려있다. 바로 그 점 때문에 권력은 불복과 저항을 유발한다.

권력은 지위와 명예와 직결되고 다시 돈과 직결된다. 자본주의 시대, 부만큼 자기 권익을 지킬 수 있는 권력이 어디 있을까? 우리나라 성인 남녀 중 41%가 평소 우울증 시달리고, 그 원인은 대부분 '돈'때문이다.[70] 부의 상대적 박탈감은 급기야 자살이라는 극단적 선택으로까지

이어진다. 불명예스럽게도 대한민국은 10년 연속 OECD 가입 국가 중 자살률 1위다.[71] 자살의 원인이 대부분 경제적 파탄에서 비롯되었다는 것은 '부'가 곧 인생의 의미를 대체해 버렸다는 증거다. 자본의 횡포는 삶의 목적을 돈으로 대체했다. 허망한 '의미의 산'이 쌓인 것이다.

## 삶의 의미

알베르트 까뮈(Albert Camus)는 '당신은 어째서 자살하지 않는가?' 라는 도발적 질문을 통해 삶의 진정한 의미가 무엇인가를 묻는다. 그는 '참으로 진지한 철학적 문제는 오직 하나, 자살뿐이다'라고 말한다.[72] 철학은 인생이 진실로 살만한 가치가 있는 것인지, 그렇지 않다면 자살이 결국 최선은 아닌지 답해야 한다는 것이다. 삶이 더 살만한 가치가 없다면 전통적인 철학적 질문들은 더이상 유용하지 않다. 카뮈는 이 문제와 관련하여 삶이 얼마나 허망하고 무의미하며 근본적인 부조리를 안고 있는 것인가를 설파한다. 하지만 카뮈는 피에르 엔톤처럼 이 비극에서 멈춰있지 않다. 그는 부조리의 실체를 인정하고 여기에 반항해야 한다고 주장한다. 삶이 허무하다는 사실에서 역설적으로 삶을 철저히 사랑하고 최선을 다해 분투하는 것, 그것이 인간의 자유다. 그의 도발적 질문은 경박한 의미 찾기, 혹은 부조리한 삶에 대한 체념적 복종이 결코 대안이 아님을 말한다. 허무를 맞닥뜨릴 수밖에 없는 실존에서 삶의 의미를 스스로 창안하고 발견하는 일, 그것이 진정성 있는 삶이다.

가끔 어떤 사람들은 자기 처지를 한탄한다. 상황이 뜻대로 풀리지 않고 합리적으로 이해되지 않는다. 그러면 삶은 덧없다거나 대안이 없다거나 특별할 게 없는 것이라고 냉소한다. 왜 이런 생각에 도달하게 되었을까? 그것은 생각을 멈추었거나 조사해보지 않았거나 비판적으로 성찰하지 않았기 때문이다. 삶을 진실하게 체험할 마음이 없다면, 성숙해지기를 포기한다면 우리의 삶은 오판과 오류투성이다.

사르트르(Jean Paul Sartre)가 '실존은 본질에 앞선다'라고 말한 것은 삶이 스스로 의미를 창조해 가는 여정임을 역설한 것이다. 인간은 다른 동물과 달리 존재의 목적을 갖고 태어나지 않았다. 신을 믿는 사람들은 이 말에 동의하지 않을 것이나 무신론자의 입장에서 보면 사람들은 어느 날 갑자기 태어나 무심코 자기 존재를 확인했다. 그러므로 인간은 스스로 삶의 목적을 찾고 존재 이유를 밝혀야만 하는 존재다. 물론 여기에 하나의 답이 있을 수는 없다. 또 답을 찾지 못할 수도 있다. 하지만 답을 찾는 과정에서 우리는 존재의 존엄과 가치를 구현한다. 도리어 이런 질문과 탐색이 없을 때 불안과 허무가 우리 삶을 덮친다.

의미를 발견하고자 하는 욕망은 삶을 가치 있게 살고자 하는 바람, 즉 자아의 이상을 실현하고자 하는 욕망이다. 타인들에게 그럴듯하게 보이고, 스스로 자족하는 허깨비의 삶과는 근본적으로 다르다. 우리는 한낱 동물적 존재에 불과하다고 주장하는 사람들의 강변에도 불구하고 유의미함을 경험하고자 하는 본능을 제어할 수 없다. 빅터 프랭클(Viktor Emil Frankl)은 나치의 집단 수용소라는 참혹한 공간 안에서도 삶의 의미를 찾는 고결한 영혼이 있음을 알려주었다.[73]

# 목적(Purpose)

'의미 있다'는 느낌의 핵심은 목적의식이다. 목적의식은 당장의 목표 달성을 넘어서 궁극적으로 더 큰 목적이 존재한다는 느낌이다.[74] 목적은 자신을 충분히 동기부여시키고, 그래서 끝없는 정진을 가능하게 하며, 존재의 한계를 넘어 탁월함에 이르게 하는 삶의 종착지다.

"무엇보다 자신이 하고 싶은 일을 해야 하는 게 아닌가요?"

대학생들과 이야기하다 보면 종종 이렇게 묻는다. 하고 싶은 일을 하는 것이 결국 목적을 이루고 또 행복한 것이 아니냐는 반문이다. 그런 일을 한다고 그게 직업이 되고 비전이 되고 더군다나 삶의 목적이 되는 것은 아니다. 하고 싶은 일이 목적이 아닌 이유는 이렇다. 첫째, 하고 싶은 일은 진짜 자신의 욕망이 아닐 수 있다. 부모, 선생, 학교, TV가 가르쳐 준 가짜 욕망일 수도 있고, 막연한 선망과 부러움, 히스테리일 수도 있으며, 더 나아가 내 것이 아니라 지배 이데올로기에 의해 강요된 것일 수도 있다. 그렇다면 그걸 해야 할 이유가 어디에 있단 말인가? 둘째, 지금 하고 싶은 일이 앞으로도 계속 그러리라고 확신할 수 없다. 자기 욕망에 대한 예측 오류다. 10대에 하고 싶었던 것이 지금 그렇지 않은 것처럼 지금의 욕망이 앞으로도 계속되리라는 보장은 없다. 욕망은 변덕쟁이이며 자주 우리의 기대를 저버린다. 셋째, 하고 싶은 일이 옳은 일은 아닐 수 있다. 옳은 일이 아닌데 할 이유는 없다. 더군다나 그것이 누군가와 경쟁하고 또 타인을 이용하는 것이라면 어떻게 정당화될 수 있겠는가. 넷째, 하고 싶은 일이란 대체로 현실 도피적일 수 있다. 우린 누구도 과거나 혹은 현재 하고 있는 것을 욕망하진 않기 때문이다. 현재와 과거에 대한 긍정과 그 의미의 발견이 없는 막연한 바람이라면 현실을 벗어나려는 탈주일 뿐이다.

충동에 따라 행동하는 것은 목적을 구현하는 게 아니라 욕망에 복종하는 것이다. 우리가 정작 물어야 할 질문은 "무엇을 하고 싶은가"가 아니다. "무엇이 중요한 일인가?", "나는 무엇을 해야 하는가?"여야 한다. 적어도 이 질문을 견지할 때 욕망의 추구가 주는 자기 배반과 저급함이 없다. 변덕스러운 욕망에 휘둘리는 불안감, 초조함이 없다. 대신 삶의 의미, 가치, 책임을 탐색하고 사명감, 신념, 긍지, 자부심을 주는 목적을 발견하게 해준다. 오늘 우리 시대의 비극은 '하고 싶은 일'들의 신화가 어느새 우리를 괴물로 만들고 있다는 데 있다.

## 목적이 사라지면 나타나는 것들

목적에 대한 성찰이 없을 때 우리는 허무주의, 상대주의와 타협하고 방향감을 상실한다. 허무주의, 상대주의, 방향감의 상실은 진정성을 찾아가는데 경계해야 할 질병이다. 먼저 허무주의란 삶이 의미 있다는 사실을 포기한 태도다.

"회사가 옳지 않은 일을 하고 있음을 알게 되었고, 당신을 지지하는 사람이 하나도 없다면 어떻게 행동하시겠습니까?"

조직의 리더들에게 리더십 세미나가 끝나갈 무렵이면 나는 항상 이 질문을 던진다. 이 질문에 대해 다수의 직장인은 행동을 결정하는 데 있어 먼저 현실적인 제약과 어려움이 있다고 토로한다. 그러나 이런 생각들이 깊어지면 스스로 주체적 힘을 잃고 허무주의자가 된다.

"굳이 그런 위험을 감수할 필요는 없죠."

"그런다고 뭐가 달라지나요?"

"제가 무슨 그런 일을 할 수 있겠습니까?"

알베르 카뮈(Albert Camus)의 〈이방인〉에서 주인공 뫼르소는 극단의 허무주의자다. 그는 마치 '중요한 것은 없어'라고 말하는 듯 살아간다. 어머니가 사망한 것, 자신이 살인죄로 체포된 것을 포함해 삶의 어떤 것에도 특별한 의미를 느끼지 못한다. 하지만 뫼르소만큼 극단적으로 만성적 허무주의에 빠진 사람은 세상 어디에도 없다. 그러니 삶이 허무하다는 카뮈의 제안을 무턱대고 수용할 이유는 없다. 허무감을 느끼는 것은 의미 있는 목적을 발견하지 못했기 때문이다.

상대주의 역시 오늘날 만연한 목적 부재의 징후다. 상대주의는 어떤 것도 확신할 수 없는 미성숙한 삶의 태도를 반영한다. 조직의 리더들은 흔히 이렇게 말한다.

"그때그때 다 다른 거죠."

"제 상황을 잘 모르고 하시는 이야기입니다."

"상황을 따라야죠."

'상황에 따라 다르다'라는 말을 옹호하는 사람들은 대부분 어떤 것을 확신하는 데서 오는 불안을 회피하고, 타인의 관점을 흩뜨리며 타인이 공격하는 것을 방어하려는 의도를 가진 것이다. 상대주의의 입장에 서면 어떤 관점도 무시할 수 있고 어떤 신념, 도덕적 이상들도 희석할 수 있다. 이들은 신념의 부족을 '유연함'이라고 둘러대지만 알고 보면 스스로 사안에 대한 깊은 성찰을 포기하고 기회주의, 편의주의에 안주한다. 그러므로 상대주의는 의미를 탐색하고 삶을 치열하게 살아가고자 하는 용기를 꺾는다.

목적이 없다면 삶의 방향성을 잃는다. 언젠가 한 기업의 은퇴예정자를 대상으로 세미나를 진행할 때였다. 대부분은 임원으로 은퇴했거나 곧 은퇴가 예정된 사람들이었다. 분위기는 사뭇 진지했다. 몇몇 사람들은 새로운 삶에 대한 희망적인 태도를 보였지만, 어떤 사람들은 은퇴가 주는 불안과 공포 때문인지 시종 어두웠다. 세미나가 끝나갈 무렵 참가자들은 내게 공통된 의견을 전달해 주었다. '이런 종류의 교육을 10년 전쯤부터 받았더라면 더 좋았겠다'는 것이었다. 그들은 자신의 은퇴를 미리 준비할 수 없었다는 점을 후회했다. 이 말은 역설적으로 삶의 뚜렷

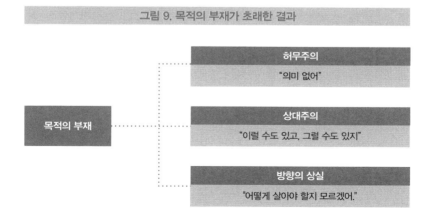

그림 9. 목적의 부재가 초래한 결과

허무주의
"의미 없어"

목적의 부재

상대주의
"이럴 수도 있고, 그럴 수도 있지"

방향의 상실
"어떻게 살아야 할지 모르겠어."

한 방향과 경로가 없다는 고백이었다. 직장이 써준 대본에 충실한 나머지 직장 밖에는 자기 대본이 없었다. 은퇴는 혼돈과 불안일 수밖에 없다.

목적은 의미 있고 행복한 삶을 살아가는 필요조건이다. 허무와 상대주의를 극복한다. 낯선 세계를 열린 마음으로 맞이하면서 생각의 지평을 넓힌다. 쾌락과 권력 같은 외적 표준으로부터 자신을 독립시키고 주체적 신념을 부여한다. 열정을 일으킨다. 기업도 예외가 아니다. 목적이 없는 조직은 성과, 다시 말해 이윤 극대화가 목적을 대체한다. 그렇게 되면 조직 내 리더들은 눈 먼 자본가들의 탐욕을 채워주는 도구로 전락한다. 사람들은 이윤을 낳는 기계가 되고, 고객은 이윤 착취의 대상이 되며, 기업 생태계는 전쟁터가 된다. 하지만 목적의 발견은 구성원들에게 가슴 뛰는 삶을 제공한다. 이런 구성원들은 그렇지 않은 구성원들에 비해 2.25배의 높은 성과를 만든다.[75] 이런 리더가 진정성 있는 리더(authentic leader)다.[76] 이들은 조직의 목적을 복원하여 구성원의 심금을 울리고 그들의 열정을 불러일으켜 세상을 보다 더 행복한 곳으로 바꿔나간다.

## 목적을 발견하기

삶의 존재 이유인 목적은 어떻게 발견할 수 있을까? 어떤 특정한 계기가 있어 운명적으로 목적과 조우하는 것일까? '소명(Calling)'처럼 미지의 세계로 자신을 불러 세우는 강력하고도 신비한 힘이 있는 것일까? 사실 이런 순간은 모든 영웅이 만나게 되는 여정의 첫 번째 순간이었다. 긴 터널의 끝에서 만나는 한 줄기 빛처럼 부지불식간에 다가와 자신을 사로잡는 것. 하지만 이런 운명적 사건을 고대하는 일은 현실에서 보면 넌센스다.

목적을 찾을 때 고려해야 할 생각의 지점이 있다. 첫째는 목적을 거창한 어떤 것으로 생각하지 않아야 한다. 목적을 찾는 일을 거창한 것으로 생각하면 먼저 좌절감이 앞선다. 그보다 목적은 우리의 일상 안에 내재하며 어느 순간 우리 앞에 개시되고 있을 뿐이다. 경영인이었던 찰스 핸디는 자신의 책에서 아내와의 대화를 다음과 같이 전한다.

어느 날 저녁, 아내가 찰스 핸디에게 물었다.

"여보 당신이 하는 일이 자랑스러우세요?"

"좋아 그런대로"

"함께 일하는 사람들은 어때요? 특별한 사람들이에요?"

"좋아 그런대로"

"그럼 당신 회사는 좋은 일을 하는 좋은 회사인가요?"

"음. 좋아 그런대로"

아내는 그를 빤히 쳐다보며 이렇게 말했다.

"나는 '좋아 그런대로'의 태도를 가진 사람과 한평생을 보내고 싶지는 않아요" [77]

찰스 핸디는 아내의 말 때문에 자신의 모습을 볼 수 있었고 결국 한 달 뒤 사표를 냈다.

몇 년 전 한 연구기관이 우리나라 직장인을 대상으로 일의 의미에 관해 조사한 결과, 일은 단지 보수를 받기 위한 수단(73.8%)이라고 지적했다[78]. 하고 있는 일이 목적과 결부된 것임을 발견하지 못한다면 어디에서도 목적을 발견할 가능성은 없다. 목적이 영웅적이라서 삶이 빛나는 것은 아니다. 재능과 에너지를 쏟아가며 일상의 과제들과 싸우고 있는 동안 목적은 서서히 다가온다. 심리학적 연구들은 관심사와 핵심가치에 뿌리를 둔 목적을 따르고 있을 때 더 행복하고, 더 건강하며, 더 열심히 일한다는 사실을 보여준다[79]. 학생을 가르치는 교사, 아이를 양육하는 어머니, 사회운동에 참여하고 있는 시민운동가, 패스트푸드점에서 일하는 아르바이트 학생, 직장, 혹은 특정 단체에서 묵묵히 오랜 시간에 걸쳐 일과 싸워가는 사람들은 모두 목적을 발견할 수 있다. 자신의 일이 누군가에게 선한 영향력을 미치고 있음을 감지할 수 있다면 목적은 이미 거기에 와 있다. 목적은 퍼즐 조각처럼 점진적으로 그 실체를 드러낸다. 넬슨 만델라, 마틴 루터 킹, 마더 테레사, 마하트마 간디 같은 위대한 리더들도 하루아침에 그 숭고한 목적을 발견한 것은 아니었다. 그들은 자신의 삶과 정직히 대면해 가면서 어느 날 운명이라고밖에는 달리 할 수 없는 목적과 조우했을 뿐이다[80].

목적을 발견할 때 경계해야 할 두 번째는 사사로움이다. 목적은 '자신에게 의미가 있을 뿐 아니라 자신을 넘어 세상을 위해 중대한 무엇인가를 성취하려는 안정적이고 일반화된 의도'다[81]. 이 정의에는 목적이 가진 두 가지 속성을 표현한다. 목적은 사적이며 동시에 공적 성격을 띤다. 그것은 나란 존재가 사적이고 동시에 공적 성격을 띠고 있기 때문이다. 나는 진공 상태에서 존재하는 것이 아니라 다른 사람과 깊이 연루되어 살아간다. 우리는 사람들 속에서 울고 웃으며 의미와 행복을 경험한다. 사적 욕망에 갇혀 있다면 존재의 성격을 이해하지 못한 것이다. 허튼 야망을 품은 것이다. 그런 목적은 자부심을 줄 수 없고 타인의 지원을 얻을 수 없다. 자기 존재 의의를 실현하지 못한다. 사회적 정당성이 없으니 그마저도 실현될 가능성이 없다. 목적은 사적이면서 공적 성격을 품어야 한다.

이를 위해 먼저 자신의 고유한 재능과 가능성을 확인해야 한다. 다음으로 이것이 내가 살아가는 시대의 요구와 어떻게 부합되어야 하는지를 고뇌해야 한다. 나의 재능과 가능성은 이해관계자들의 상처와 열망에 부응함으로써 만개한다. 그러므로 나의 고유성과 세상의 요구가 만나는 지점에서 발견된다. 작가 프레더릭 뷰크너(Frederic Buechner)는 말한다. "신은 마음 깊은 곳에서의 기쁨과 세상의 절실한 요구가 만나는 지점에서 우리를 부른다." 라고.

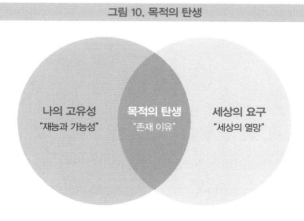

그림 10. 목적의 탄생

나의 고유성
"재능과 가능성"

목적의 탄생
"존재 이유"

세상의 요구
"세상의 열망"

'비전 예찬'은 그런 점에서 우려스럽다. 비전은 목적과 달리 개인의 욕망을 반영한다. 특히 비전이 개인적 야망에 머문 것일 때, 존재 의의를 축소하고 고립을 자초한다. 특수 목적 법인을 만들고 온갖 회계 부정을 통해 수많은 이해관계자를 도탄에 빠뜨린 엘론사의 케네스 레이(Kenneth Lay)의 비전은 실현되지 않았어야 마땅하다. 게르만 민족에 대한 우월감으로 유대인을 학살하고 인류를 비극의 전쟁터로 몰아놓은 아돌프 히틀러의 비전 역시 실현되지 않았어야 마땅하다. 광신적인 믿음을 가진 테러리스트들의 폭력적 비전 역시 실현되지 않아야 마땅하다. 언뜻 보면 이들의 행동은 공공가치에 대한 강력한 믿음과 헌신을 보여주는 듯하지만, 그 목적은 사유화(personalized)된 것이지 사회화(socialized)된 것이 아니다.[82] 사사로운 목적을 가진 사람들일수록 본 마음을 숨기고자 외현을 더욱 치장하는 법이다. 그들은 교묘한 방식으로 사람들을 이용하여 자신의 이득을 취한다. 하지만 사회화된 목적은 보편의 윤리와 도덕을 따른다. 자신의 재능과 가능성을 통해 타인의 생명을 옹호하고 재능을 고양시키며 더 큰 선을 만든다.

## 기업은 왜 존재하는가?

요즘 특별한 성찰 없이 '이윤 추구'를 기업의 목적으로 표방하는 기업들이 있다. 그런 기업들은 모든 시스템과 관행이 이윤을 낳는 방식으로 정렬되어 있다. 구성원의 도덕적 자부심을 훼손하고 고객을 조롱하며 주주만을 제왕처럼 떠받든다. 규칙과 인센티브로 구성원의 동기를 자극하고 구성원을 한낱 월급쟁이로 전락시킨다.

"고상한 목적은 있지만, 회사는 결국 이윤을 최우선으로 할 뿐입니다. 그게 어쩔 수 없는 현실이고요"

내가 만난 직장인들 다수는 종종 자신의 회사에 대해 이렇게 개탄했다. 정서적 진실함, 삶의 충일감, 자부심과 긍지를 경험할 수 없는 구성원들은, 일의 의미를 발견할 수 없고, 헌신해야 할 대상이 없으며 당연히 성장할 기회가 없다. 거기에 창의와 혁신의 에너지가 생길 리 없다.

사회화된 목적을 가지고 있는 기업들이 있다. 그들은 수단을 목적보다 앞세우지 않는다. 이해관계자의 진보와 성장에 대한 진지한 관심을 보이며 세상을 보다 행복하고 아름답게 만들려는 담대한 꿈을 가지고 있다. 이런 기업은 타인과 세상에 대해 분노를 표현하거나 허세를 부리지 않는다. 경쟁이 아니라 협업과 상생의 플랫폼을 만든다. 이상을 실현하기 위한 담대한 과제를 창안하고 여기에 에너지를 쏟음으로써 혁신한다. 위대한 기업을 연구한 짐 콜린스(Jim collins)는 이런 기업은 '이윤 추구'가 아니라 기업이 존재하는 숭고한 목적으로부터 회사의 문화를 만들고 난관을 넘어왔음을 보고했다.[83] 그들은 이윤을 쫓았지만 자신들의 존재 이유를 망각하지 않았다. 사명감을 불러일으키는 목적으로 인해 자신들에게 요구되는 사회적, 시대적, 도덕적 요청을 적극적으로 수용하면서 탁월함과 혁신을 이루어 냈다. '기업은 왜 존재해야 하는가'에 대한 창업가의 신념이 오랜 시간 사업을 통해 증명되면서 종업원들의 마음속에 그 진정성을 전달했다. 종업원들은 자부심과 긍지를 경험했으며 고객들에게는 이전에 없던 가치를 제공했다.

우리는 누구나 부여된 재능을 바탕으로 이해관계자들의 고통과 상처를 품음으로써 그들에게 행복과 풍요를 선사하는 일에 참여할 수 있다. 이것이 자기다움을 경험하는 진정성의 과제다.

✛

우리는 욕망과 본능의 노예임에 틀림없다. 욕망에 허덕이고 욕망에 중독되며 욕망에 의해 내팽개쳐진다. 욕망을 부인하지 않되 욕망을 승화시키려면 어떻게 해야 할까? 그것은 존재 이유를 묻고 답하는 것이다. 목적은 무의미를 의미로, 혼돈을 질서로 통합한다. 삶을 배움과 성숙의 경험으로 바꾸고 자신과 세상을 구원한다. 진정성 있는 삶의 요체다. 반면 목적을 내팽개치면 불안감으로 당장의 과제에 파묻혀 남의 인생을 표절하고, 상대주의와 회의주의에 빠져 도전하기를 포기한다. 삶이 길을 잃고 거짓이 되는 일을 막을 수 없다.

1   사람들이 열정을 갖고 일에 몰입하지 못한다면 그 이유는 무엇 때문인가? 요
즘 시대의 사람들의 눈에 직장과 일의 의미는 어떻게 변해가고 있다고 생각하
는가? 당신에게 일의 의미는 무엇인가? 일 속에서 의미를 발견하려면 무엇을
어떻게 해야 하는가?

_____

2   전통적으로 심리학과 경영학이 밝혀낸 동기부여의 비밀은 대체로 두 가지다.
하나는 일을 성취했을 때 얻게 되는 '보상의 존재'이고, 다른 하나는 그 일 자
체가 주는 '의미감'이다. 전자는 보상이 지속적으로, 또 계속해서 자극적으로
주어질 때만 기능한다. 하지만 후자는 가치 있다는 믿음으로 사람들의 마음속
에 만들어진 일종의 신화이다. 자신이 하는 일이 중요한 것의 일부이며, 누군
가의 행복에 기여하며, 더 나은 것을 창조하며 보다 더 큰 것에 기여한다는 믿
음이다. 리더로서 당신은 어떤 전략에 보다 의존하는가? 이 둘을 창조적으로
통합할 수 있는가?

_____

3   다음 단계에 따라 자신의 목적 진술문을 만들어 보자. 목적 진술문은 1) 나의
고유한 재능과 가능성, 2) 삶의 중요한 이해관계자, 그리고 3) 이를 현실화하
기 위한 행위로 구성된다. 물론 이것은 목적에 대한 하나의 가설이다. 이 진술
문에 따라 삶의 과제들과 싸우며 우리는 이 목적을 지속적으로 검증하고 진화
시킬 수 있다.

1단계- 고유성(재능과 가능성)을 발견하기
재능은 나의 성격, 개성, 스타일, 가치, 강점, 약점, 한계 등 나와 관련한 모든 것
을 의미한다. 특정한 직업적 기술과 전문성도 포함될 수 있고, 현재 보유한 것
은 아니지만 잠재적으로 개발될 수 있는 어떤 것을 포함할 수도 있다. 이것들
은 남과 비교되지 않는 내 안의 고유한 것이다. 내가 살아온 삶의 역사를 복원

하는 가운데 원래 내게 있었던 나다움이 느껴지는 것을 찾아보자. 다음의 질문을 통해 나를 대변하는 3~4개의 핵심 키워드를 정리해보자.

– 내 삶의 경험들 속에서 발견되는 내가 잘하는 것, 유능한 것은 무엇인가?
– 내 삶의 경험들 속에서 발견되는 나의 한계, 약점은 무엇인가?
– 지금 단순한 재능에 불과하지만 개발된다면 강력한 무기가 될 수 있는 나의 특성은 무엇인가?
– 내가 현재 혹은 미래에 걸쳐 반드시 지켜가야 할 삶의 가치는 무엇인가?

## 2단계– 이해관계자를 발견하기

이해관계자란 나와 함께 살아가는, 살아가야 할 중요한 타자를 말한다. 나는 그들과 함께 함으로써 존재의 의미, 행복을 느낀다. 나는 그들을 위해, 그들과 함께 살아가며 그들의 이웃으로서 마땅한 책임과 의무를 가진다. 아래의 질문들을 통해 이들을 확인하고, 그들의 열망, 상처를 확인해보자.

– 내 삶의 의미 있는 대상 집단들을 나열해보자.(내 일의 최종 유저, 고객들, 내가 속한 공동체(조직), 동료들, 친구들, 이웃들 등)
– 위 집단들 중 1항에서 찾은 나의 고유성과 보다 밀접히 관련될 뿐 아니라 내 삶의 중요한 집단들을 재선정하라.
– 각각의 집단들이 갖고 있는 상처와 고통은 무엇인가?
– 각각의 집단들이 품고 있는 기대와 열망은 무엇인가?
– 이들의 정당한 이웃으로서 상처와 고통을 치유하고, 기대와 열망을 충족시킬 수 있는 나의 역할, 행동들은 무엇인가?

## 3단계– 행동을 발견하기

나의 고유성과 이해관계자들의 상처, 열망을 충족시킬 수 있는 행동을 찾는다. 이것은 나에게 의미와 즐거움, 자부심을 주고, 이해관계자들의 삶에 기여하는 행동들이다.

– 나의 고유성을 발현하고, 이해관계자의 욕구를 충족시키는 행동들은 구체적으로 무엇인가? (만들고 창조하는 것인가? 제공하는 것인가? 기여하고 헌신하는 것인가? 나누고 베푸는 것인가 등)

## 4단계 – 목적 진술문 완성하기

1.2.3단계를 통해 나의 목적 진술문을 완성해보자. 1) 나의 고유성을 통해 자기다움을 경험하고, 2) 이해관계자들의 안녕과 성장에 기여하는 3) 내가 해야 하는 행동들을 조합하여 한 문장으로 기술한다.

## 5단계- 검토하기

목적 진술문을 1차 완성했다면 다음의 질문들을 통해 이 목적진술문을 보다 자기 것으로 만들어보자.

- 시간적 영속성이 있는가? 죽음의 순간까지 지속할 만한 목적인가?
- 나만의 고유한 언어로 기술되었는가? 상투적인 언어를 사용하고 있지는 않은가?
- 대상 집단이 너무 지엽적이거나 너무 광범위하지는 않은가?
- 나에게 긍지와 자부심을 주는가? 나를 충분히 감동시키는가?
- 장애, 난관을 무릅쓸 만큼 강인한가?
- 삶의 모순, 부조리, 시대적 아픔을 치유하고, 사람들의 열망을 충족시키는가?

4   기업이 이윤으로 대변되는 성과주의 패러다임에서 벗어나 목적으로 대변되는 도덕적 패러다임으로 전환하려면 조직의 목적과 이를 구체화하는 과업들이 제대로 정렬되어야 한다. 진실, 정의, 도덕, 즐거움, 행복과 같은 인간 본연의 미덕이 직장에도 흐르게 해야 한다. 당신이 조직의 구성원이라면 당장 시작해 볼 수 있는 일은 무엇인가?

---

# 6

여섯 번째 관문

# 헌신
## 진정성의 검증

목적이 삶의 진정성으로 전환되는 것은
그를 위한 결단과 결행이 있기 때문이다.

## 헌신의 시작, 결단

삶의 목적은 '헌신'을 통해 구체성을 획득한다. 목적은 있으나 헌신이 없거나, 헌신한다고 말하지만 구체적인 결행이 없는 목적은 공상이다. 헌신 없이 우리는 어떤 경우에도 자아의 이상, 목적을 구현할 수 없고 삶의 진정성을 경험할 수 없다. 진정성 있는 삶은 장담에서 오는 것이 아니라 헌신에서 온다.

헌신에는 두 가지 과정이 있다. 그 하나는 '결단'이다. 결단은 살아온 삶과 앞으로 살아갈 삶을 상상하는 가운데 목적에 따라 살겠다는 결심이다. 현재의 삶이 과거의 결단에서 비롯된 것이듯, 지금의 결단은 미래를 만든다. 결단 없는 삶은 허무, 회의, 체념과 동거하며 삶의 의욕을 꺾는다. 생각해 보라. 결단 없는 삶이 얼마나 비겁하고 싱거운 것인가를. 우리의 서사는 결단이라는 국면을 통해 극적 구조로서 전환된다. 역동하는 스토리가 시작된다.

1955년 12월 1일, 흑인 여성 로자 파크스(Rosa Parks)는 백화점 봉제실에서 일을 마치고 퇴근하기 위해 버스에 올랐다. 그리고 버스의 중간 부분 좌석이 비어있는 것을 보았다. 그 자리는 흑인이든 백인이든 누구나 앉을 수 있는 자리였기 때문에 그녀는 당연히 그 자리에 앉았다. 두 정거장이 지나자 백인 승객들이 올라탔다. 백인석이 다 차 있는 것을 보자 버스 기사는 흑인들을 향해 소리쳤다.

"자리 좀 비워주지?"

하지만 아무도 움직이지 않았다. 운전기사는 더 흉측한 표정으로 소리쳤다.

"당장 일어나는 게 좋을걸!"

몇몇 흑인들이 자리에서 일어나 뒤로 물러가고 있을 때, 평소 수줍음 많고 내성적이었던 로자는 움직이지 않고 그 자리를 지켰다. 운전기사는 성큼성큼 다가와 로자를 노려보며 윽박질렀다.

"일어서!"

로자는 모든 사람이 들을 수 있을 정도로 또박또박 말했다.

"싫어요!"

운전기사는 곧바로 경찰을 불렀다. 사람들은 하나둘 버스에서 내리기 시작했지만 로자는 버스에 남았다. 모든 결정은 각자의 몫이었으므로 로자는 다른 사람들을 원망하지 않았다. 경찰관이 도착해 왜 자리를 비우지 않느냐고 그녀에게 물었을 때 로자는 반문했다.

"왜 흑인을 차별하는 거지요?"

결국 로자는 유치장 신세를 지게 되었다. 이 일은 몽고메리시의 버스 승차 거부 운동으로 확산되었다. 그녀는 법정에서 유죄판결을 받았다. 하지만 마틴 루터 킹을 비롯한 흑인 지도자들의 지원 속에서 1956년 11월 3일, 대법원으로부터 인종 분리는 불법이라는 판결을 얻어냈다. 그해 12월 20일, 법정 명령에 의해 몽고메리의 버스는 흑인과 백인을 구분하는 일이 사라졌다. 그녀의 행동에 대해 백인들의 폭력적인 보복행위가 이어졌지만, 이 운동은 멈추지 않고 다른 많은 지역에 영향을 미쳤다. 그녀는 그 뒤 차별 없는 세상을 만드는 일에 헌신했다. 사람들은 그녀를 '몽고메리 버스 승차의 어머니', '인권 운동의 어머니'라고 불렀다.[84]

평범한 소시민이었던 로자 파크스가 어떻게 인권 운동의 상징적 인물이 될 수 있었을까? 부당한 차별에 맞서기로 한 그날, 바로 그녀의 운명이 바뀌었다. 그녀의 정체성이 새롭게 탈바꿈되었다. 선택 없이 망설이는 일은 똑같은 양의 건초더미 앞에서 무엇을 먹어야 할지 결정하지 못하고 죽어가는 뷔르당의 당나귀와 같다. 결단은 나약함, 회피, 안전의 욕구, 그리고 무엇보다 용기의 부족에 맞서는 일이다. 모든 정보를 취합한다 해도 최선의 결정을 내릴 수는 없다. 실패는 불가피하다. 실존주의자들 말대로 우리는 결단을 통해서만 운명을 바꿀 수 있다. 용기의 부족, 실패의 불안, 기득권의 손실에도 불구하고 결단을 촉구하는 힘은 무엇일까? 나는 조직의 리더들을 관찰하면서 그들이 어느 순간 용기 있는 결단을 내리는 것을 보았다. 거기에는 공통점이 있었다. 자신이 얼마나 위선적인지, 자신이 얼마나 모순에 가득 찬 사람인지를 인정하는 바로 그 순간이었다.

로자 파크스는 어려서부터 인종차별에 대한 문제의식을 느꼈지만, 줄곧 두려움 속에서 자신을 의심했다. 하지만 그날, 그녀는 자신의 위선이 초래하고 있는 결단 유예의 상태를 벗어던지기로 했다. 용감히 거기에 맞섰고, 그것이 세상을 바꾸었다. 위선과 모순을 들추는 것은 다름 아니라 자신의 목적이다. 자신이 중요하다고 생각하는 것, 반드시 구현해야 한다고 믿는 목적의 세계는 언제나 현재와의 격차를 드러낸다. 그리고 우리가 얼마나 모순에 차 있는지, 어떻게 자신을 방어하고 있는지 그 추한 모습을 들춘다. 이를 외면하지 않는다면 우리는 어찌할 수 없는 변화를 선택한다.

## 헌신의 지속, 전념

헌신의 또 다른 요소는 '전념(專念, commitment)'이다. 전념은 결단을 지속하는 행위다. 목적은 결단으로 시작하여 전념을 통해 완성된다. 전념은 목적을 실현하기 위한 구체적인 과제를 창안하고 여기에 뛰어들어 가시적인 결과를 만든다. 결과는 목적과 현실 사이를 잇는 징검다리다. 이 징검다리가 다시 전념의 동기가 된다. 전념은 물질적 보상 따위에 유혹되는 것이 아니라, 전념 자체가 주는 성장 체험에 의해 동기부여 된다. 장애와 난관, 냉소와 불신을 이겨낸다.

"회사를 떠나기로 했습니다. 우리 회사에는 더 희망이 없습니다. 많은 가르침을 주셨는데 죄송합니다."

나와 오랜 시간 리더십을 공부해왔던 한 임원이 저녁 자리에서 내게 말했다. 그는 회사의 부조리에 맞서 문제를 제기하고 사장과 담판을 짓고자 했지만, 역부족이라고 했다. 경영진을 설득할 수 없었고 생존을 위해 눈치 보는 사람들에 의해 둘러싸이면서 더 희망이 없다고 했다. 그의 표정은 침울했다. 나는 그가 보여왔던 열정을 생각하면 함부로 조언할 수 없었지만 그런데도 그간의 노력이 안타까워 조심스럽게 말을 건넸다.

　"정말 그런 마음을 먹었다면 마지막으로 회사를 위해 진짜 해보고 싶은 프로젝트를 해야 하지 않겠습니까? 그게 존엄을 지키는 일 아닌가요? 이렇게 떠나는 건 같은 꿈은 꾸고 있을 후배들에게 절망을 남기고 가는 것입니다."

　그는 내 말에 한동안 아무 말 없이 앉아있었다. 나도 막상 그렇게 말했지만 내가 그러면 정말 그럴 수 있을까를 의심했다. 얼마 시간이 흘렀을까. 그는 조용히 그러나 단호하게 내게 말했다.

　"네! 그렇게 하겠습니다. 제가 할 마지막 일이 남았군요!"

　나는 그가 실제로 그렇게 할 수 있는지 알 수 없다. 또 한다 해도 성공하리라 예측할 수 없다. 그러나 분명한 것은 그는 전념을 약속했다는 것이다. 그렇게 함으로써 자신의 믿음을 검증하기로 했다는 것이다. 우리는 매 순간 우리의 신념과 가치 그리고 그에 대한 전념의 정도를 시험받는다. 전념이 없는 삶은 기만이다. 우리는 전념을 통해서만 자기 진정성을 입증할 수 있다.

전념은 어떻게 가능한가? 먼저 목적한 바를 실행으로 옮길 최초의 과제를 창안하는 데서 시작한다. 과제는 목적에 의해 연역되므로 얼마나 훌륭한 과제인가가 아니라 목적에 제대로 된 충격을 주는가가 핵심이다. 다만 이 과제를 지속하려면 최초의 과제는 자신의 통제 범위 안에 있어야 한다. 밖에 있다면 의심과 저항이 커진다. 그러므로 스스로 할 수 있는 성취 가능한 과제를 설정해야 한다. 다음으로 이를 실행에 옮길 행동 계획을 세우고 행동을 시작한 뒤, 멈추지 않는 것이다. 그뿐이다!

행동하는 동안에 행동은 그 정당성을 얻고 무력감을 몰아내며 스스로 수정과 변화를 거듭한다. 게다가 새로운 자원을 확보하는 행운을 만날 수도 있다. 행동의 위대함은 여기에 있다. 행동은 실패할 수 있다. 그러나 목적은 실패한 행동을 통해 다음 행동을 가르쳐주는 선생이다. 태초에 인생에 대한 설계는 없었듯, 우리는 전념을 통해서만 삶을 창조할 뿐이다. 전념은 삶의 목적을 향해가는 궤적이다. 육탄으로 써 내려가는 우리 삶의 감동적 스토리다.

1970년대 에디오피아, 나이지리아, 앙골라, 말라위 등의 국가에 흑파리에 의한 회선사상충증에 걸린 사람들의 숫자가 급증했다. 그중 100만 명이 넘는 사람들이 시력 손상을 입었고 아무 치료도 받지 못한 채 죽어갔다. 세계보건기구는 전 세계 8,500만 명의 사람들이 이 위험군에 속한다고 보고했다. 전염원인 흑파리는 사람의 피부에 균을 이식했다. 1974년, 세계보건기구는 흑파리를 소탕하기 위해 살충제를 대대적으로 살포했지만, 너무 넓은 지역에서 이를 완전히 소탕한다는 것은 불가능했다. 시간이 지나면서 내성이 강해진 흑파리가 등장하고, 살충제가 흑파리 천적까지 살해하면서 그 효과를 상쇄시켰다.

1977년, 머크(Merck)사의 연구원이었던 캠벨은 당시 직속 상사인 연구 담당 부사장 바겔로스에게 '인간 기생충을 구제하는 약물을 개발하고 싶다'는 메모를 제출했다. 바겔로스와 캠벨은 '돈이 안 되는 신약'임을 알면서도 필요성에 공감하고 신약 심사위원들을 설득했다. 하지만 통상 신약개발은 최소 2억 달러의 비용이 드는 데다가 12년의 세월이 요구되는 일이었으므로 이 일은 순조롭게 진척되지 못했다.

1987년, 임상시험 이후 신약 '멕티잔'의 생산 여부를 결정해야 하는 순간에 다다랐다. 원가와 유통비만 해도 어마어마할 뿐 아니라 약 값을 지불할 능력이 없는 아프리카 주민들을 생각해 볼 때, 연간 200만 달러를 기약 없이 쏟아부어야 하는 결정은 난항에 부딪힐 수밖에 없었다. 그러나 바겔로스는 마침내 24만 명의 주주들이 얻게 될 투자 수익을 포기하고 공중보건을 지킬 것을 선언했다. 그 이유는 단 하나, 회사의 목적 즉, '건강이 부에 우선한다'는 원칙을 따른 것이었다.

머크사는 10년간 기회손실 2억 달러로 24만 명의 주주들에게 금전적 손실을 초래했다. 이 사건 이후 바겔로스는 이렇게 말했다. "단 한 명의 주주도 멕티잔을 영원히 기증한다는 결정에 이의를 제기하지 않았습니다. 그것은 머크사의 역사상 최고의 순간이었습니다." 그의 뜻은 그의 이해관계자 모두에게 큰 감명을 주었다. 머크사의 본사 앞에는 "선물 받은 시력"이라는 동상이 건립되어 있다. 이 사건은 그들이 추구하는 목적이 허구가 아님을 증명한 상징적 사건이 되었다. 하지만 그

랬던 머크 사도 2002년 분식회계로 인해 자신들의 이미지에 치명타를 입었다. 가치와 철학을 지켜가는 일이 얼마나 험난한 과정인지, 확고한 신념과 그에 기반한 전념이 얼마나 중요한 것인지를 새삼 생각해 보게 하는 사건이라고 할 수 있다.

## 목적과 헌신의 이중주

우리 삶은 목적과 헌신이 언제나 양립하지 않는다. 목적과 헌신이라는 두 개의 축을 따라 우리 삶을 조명하면 네 종류의 삶이 나타난다. 첫째는 목적도 없고 헌신도 없는 삶이다. '무의미한 삶'이다. 이런 삶을 사는 사람들은 특별한 철학이 없다. 삶의 의미가 무엇인지 자문하지 않는다. 있다 해도 이런 질문에 특별한 감흥이 없다. 삶을 통제할 수 있다는 믿음도 특별히 헌신해야 할 대상도 없다. 쉽게 허무주의 혹은 쾌락주의에 빠진다. 삶 전체를 관장하는 이념적 좌표가 없기 때문이다.

"재미있으면 그만이지요"

"그렇게 심각할 필요가 있나요?"

"저는 그냥 저대로 살래요."

"지금 당장의 문제도 어쩌지 못하면서 먼 미래가 뭐가 그리 중요한가요?"

냉소와 회의가 빈번하고 적당히 체념하고 적당히 자족한다. 인생의 과제들을 스스로 돌파할 수 있는 역량이 없고, 개발할 용기나 의지도 부족하다. 이런 삶의 태도가 잘못된 것이라고 매도할 수는 없다. 누구나 이런 시기를 경험할 수 있으니 말이다. 그런 점에서 모든 가능성을 품고 있는 미완의 상태라고도 할 수 있을 것이나, 이런 시간을 지속한다면 스스로 인생의 방관자, 아웃사이더가 되어버린다.

내가 만난 리더들 다수는 자기와 함께 일하는 구성원 중에 이런 사람이 있다고 자주 하소연한다. 그들만의 문제라기보다 조직적 환경이 이들에게 패배감과 무력감을 전염시켰을 수 있다. 하지만 개인적 차원에서 보면 자신을 구원할 이상도, 그를 구현할 용기도 사라지면서 자신을 성찰할 힘을 잃어버린 사람들이다. 고난과 시련을 피하면 배울 기회가 없다.

두 번째, 목적은 있으나 헌신이 없는 삶이 있다. '몽상적 삶'이다. 이런 사람들은 자신이 원하는 미래에 대한 기대와 희망이 있고, 삶의 여건과 처지를 개선하려면 무엇을 어떻게 해야 하는지 잘 알고 있다. 이들은 종종 자신이 꿈꾸는 이상향을 설명한다.

" 저는 ~~했으면 좋겠어요."

"저는 세상이(직장이) ~~게 달라져야 한다고 생각해요."

"나는 ~ 할 계획이 있습니다."

하지만 그들에게는 말만큼 이를 현실로 옮길 수 있는 행동이 없다. 이른바 작심삼일(作心三日)의 전형이다. 목적을 실현하려면 거기에 걸맞은 훈련, 학습, 행동이 요구되지만, 이들은 이를 실행하지는 못한다. 행동이 없으면 말이 많아진다. 그리고 그 말에 의한 가짜 행동, 즉 마치 알고 있으니 다 된 것 같은 착각에 빠진다. 목적에 대한 절실함이 없거나 실행의 시스템을 갖지 못했기 때문이다. 또는 손실 위험, 미지의 것에 대한 두려움으로 영원히 유예 상태에 머물러 있기 때문이다. 말과 비교해 행동이 없으면 자신을 속인다. 자기 신뢰를 잃는다.

세 번째, 목적은 없는데도 헌신하는 사람들이 있다. '맹목적 삶'이다. 엄격한 의미에서 목적 없는 헌신은 불가능하다. 그런데도 헌신하고 있다면 목적 때문이 아니라 사적 야망, 단기적 과제 때문이다. 이때의 헌신은 무분별하다. 구체적인 전략과 실행계획이 있고 이를 위해 자신의 시간과 에너지를 쏟아붓지만, 그것은 단순한 기회 포착, 또는 눈앞의 성취에 매몰된 때문이다. 목적과 결부되지 않은, 목적이 없는 헌신은 일시적이고 대체로 탐욕적이다. 이런 사람들은 당연 목적지를 모르기 때문에 길을 잃는다. 그러니 다른 사람들이 만들어 놓은 길을 따라간다. 자신이 세상에 어떤 기여를 해야 하는지, 어떤 영향을 미치게 되는지를 고민하지 않는다. 그런 점에서 성찰 없는 헌신은 무모하고 주변에 나쁜 영향을 미친다.

한 직장인은 내게 말했다.

"나는 사장님이라고 해서 다 좋은 리더라고 생각하지 않습니다. 우리 회사는 불법과 편법의 아슬아슬한 경계선을 넘나들며 사업을 하고 있습니다. 하지만 그렇다고 해도 문제를 제기하며 소란을 일으킬 필요는 없지요. 그런다고 누가 알아주는 것도 아니고 저만 손해 보는 거죠. 그냥 주어진 일 열심히 하며 살아남는 게 상책입니다."

"왜 그렇죠?"

"왜라뇨? 생존보다 중요한 게 있나요?"

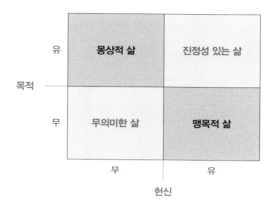

그림 11. 목적과 헌신의 이중주가 만드는 삶의 모습

네 번째, 목적과 헌신이 합치된 삶, 즉 '진정성 있는 삶'이다. 헌신이 진정성의 증거가 되는 이유는 그 목적에 부합된 삶을 살아가고 있기 때문이다. 이런 삶을 사는 사람들은 목적을 현실로 만들어가기 위해 분투한다. 때로 불의와 부조리에 맞서고 관행과 싸운다. 그러므로 이런 사람들은 걸맞는, 또는 남과 다른 예리한 역량, 낙관을 극복하려는 의지, 높은 규율감, 고난을 넘길 수 있는 유머, 과정을 즐길 줄 아는 여유가 있다. 동시에 높은 도덕성, 사명감, 책임감으로 결과를 만들어내려 한다. 난관을 만나지만 그 때문에 포기하는 법은 없다.

✛

호시절에는 누구나 호언장담할 수 있다. 그러나 위기, 혼돈, 갈등이 닥치면 진정성 있는 사람과 그렇지 않은 사람들이 구분된다. 헌신의 여부가 그 척도가 되기 때문이다. 진정성 있는 사람은 목적을 현실로 만들기 위해 문제에 맞서고 책임을 지며 변화를 만들어 내지만, 그렇지 않은 사람들은 온갖 변명을 동원해 문제를 회피하고 책임을 지지 않는다. 헌신만이 삶의 역사가 되고 인격과 품성을 만든다. 인격과 품성은 한 개인의 정체성이 삶의 역사를 통해 육화된 것이다. 에머슨은 일찌기 이를 '존재 자체에 비축된 힘'이라고 정의했다. 헌신이야말로 우리 자신이 누구인지를 보여주는 확실한 ID 카드다.

## 진정성을 위한 생각훈련

1. 결단과 전념이 없이 목적을 현실화할 수 없고 삶의 진정성을 이룰 수 없다. 다음의 말에 대한 당신의 입장은 무엇인가?

   결단한다는 것은 자기 위선에 맞서는 일이다. 나약함, 회피, 안전의 욕구, 그리고 무엇보다 용기의 부족에 맞서는 것이다.

   ─────────────────────────────

2. 그동안 어떤 결단을 내려왔는가를 돌아보라. 그걸 가능하게 한 힘의 원천은 무엇이라고 생각하는가? 그 결과 어떤 일들이 일어났는가? 그로부터 배운 것은 무엇인가?

   ─────────────────────────────

3. '목적과 헌신의 이중주'를 고려할 때 현재 당신의 삶은 어떤 모습에 가까운가? 함께 일하는 사람들을 이런 눈으로 본다면 각각은 어떤 모습에 가까운가? 내 삶의 존재 이유에 해당하는 매력적인 목적과 그를 현실화하려는 헌신, 이 두 차원이 함께 하려면 어떤 노력이 더 요구되는가?

   ─────────────────────────────

4. 리더십은 지식, 지위, 간판, 전략, 전술에서 나오는 것이 아니다. 하나의 목적을 향해 일관된 행동을 보일 때 사람의 마음에 공명이 일어난다. 리더는 선명한 목적과 함께 이를 증명하는 구체적 과업이 있어야 한다. 당신이 이끄는 조직을 돌아보고, 조직의 목적에 직접적인 충격을 주면서 새롭게 시작해야 할 과제가 있다면 무엇인가?

   ─────────────────────────────

# 7

일곱 번째 관문

# 일상
## 조용한 혁명

뜻과 의지가 있다 해도 삶은 종종 우리를 배반한다.
그때 우리가 취해야 하는 행동은 무엇일까?
목적이라는 이상을 가슴에 품되,
보다 현실적인 사람이 되는 것이다. '조용한 혁명'을 시작하는 것이다.

# 원초적인 힘, 생명력

"우린 정말 가망이 없어"

그녀는 손으로 연기가 올라가는 시늉을 해 보였다.

"그래도 우리는 온갖 힘을 다해 싸워야만 돼"

"왜 무엇 때문에 싸운단 말이야? 어차피 모두 다 이렇게 될 텐데."

그녀의 손이 다시 움직였다. 하늘로 올라가는 연기 모양을 그리며.


"아냐 그래도 우리는 싸워야 돼"

"어떻게 우리가 여기서 빠져나갈 수 있단 말이야? 누구 한 사람이라도 빠져나갈 수 있었어? 지금 당장 전기 철조망에 몸을 부딪쳐 끝장내는 편이 낫겠어."

– 델보(Dellbo)[85]

아우슈비츠의 수용자들은 실오라기 같은 희망 하나도 함부로 품을 수 없는 극한상황에 처해있었다. 반항한다거나 달아난다는 것은 상상조차 할 수 없었다. 생존의 가능성이 완벽히 차단되어 있고 지적 능력을 발휘하는 것 자체가 불가능했다. 만일 우리가 이런 상황에 처했다면 삶을 낙관하고 희망을 품는 일이 가능할까? 차라리 희망을 품기보다 오늘 하루를 어떻게 무사히 보낼 것인가가 훨씬 더 중요한 것이 아닐까? 그러나 생존자들은 그렇지 않았다. 그들은 언제 죽을지, 언제 치명적인 상처를 입게 될지 알 수 없음에도 삶을 포기하지 않았다. 정신이 아직 파멸되지 않는 한 무언의 확신을 버릴 수 없었다.

작가 테렌스 프레(Terrence Des Pres)는 아우슈비츠라는 극한의 처지에서도 희망을 만들어낸 생존자들에 대해 기록하고 있다. 그는 생존자들의 행동을 추적하면서 그들을 살아남게 한 힘의 원천은 '생명력', 그 자체라고 말했다. 그것은 일반적인 희망보다도 더 강한 열화와 같은 의지, 철저한 고독과 절망감으로 인해 미래에 대한 기대와 희망을 포기한 순간에서도 다시 만나게 되는 생의 의지, 생에 대한 경건함, 스스로 자기 생명과 존엄을 지키고자 한 힘이었다.

진정성의 여정에서 우리가 잊지 않아야 하는 한 가지는 바로 이것, 자기 존엄이다. 진정성의 문제는 외부의 압력 속에서도 존엄을 지키며 자아의 이상을 실현하기 위해 투쟁할 수 있느냐에 달려있다. 니체는 가혹한 시련 속에서도 품격을 잃지 않은 고양된 삶을 사는 인간의 모습을 그리스의 비극에서 발견했다. 비극 작품의 주인공들은 하나같이 피할 수 없는 운명에 맞서 싸웠다. 그 과정에서 견디기 힘든 극단의 불행을 겪었다. 하지만 그들은 이 비극을 통해 오히려 가장 고귀하고 용감한 인간의 정신을 드러냈다. 주인공들은 운명에 의해 파멸될지라도 고결함을 잃지 않고 쓰디쓴 고통을 받아들였다. 니체는 이 비극 속 영웅들에게서 생에 대한 무한한 긍정과 인간 영혼의 강인함을 보았다.[86] 삶이 비극적이고 굴욕적이라는 생각이 든다면 그래도 마지막 이 도덕적 자부심에서 오는 자기 존엄을 생각해야 한다. 그것은 주체적으로 삶의 문제와 맞서고, 자신과 삶을 사랑하게 하는 힘이다.

## 리더십, 한걸음의 자유

"내가 혼자 어떻게 윗분을, 또 조직을 변화시킬 수 있나요? 그건 불가능한 일입니다."

한 리더가 내게 한 말이다.

문제를 해결한다는 것은 이미 모든 자원을 갖추고 답을 찾는 일이 아니다. 모든 자원이 갖추어져 있다면 문제는 더 이상 문제가 아니다! 아무런 조건도 갖추어지지 않은 그때 모두가 기피하고 답이 없다고 말하는 그때 모든 제약과 모순을 끌어안고 마침내 하나의 창조적 대안을 만드는 것, 그것을 우리는 리더십이라 부른다. 현실론자들은 대안이 아니라 문제에 집중한다. 문제를 해결한다 하더라도 고작 몇 개의 질문을 던져 놓고 눈앞의 현실에 비추어 손쉬운 답을 찾아 결론을 내린다. 다른 가능성을 닫아 버린다. 삶의 성장도, 변화도, 진실도 없다.

자유의 진정한 의미는 삶이 주는 제약과 억압의 실체를 직시하면서도 결연히 자신의 생각과 태도를 선택하는 데 있다. 어떤 것도 통제할수 없고 다른 사람의 도움도 받을 수 없는 상황일지라도 우리는 자신의 생각을 선택할 자유가 있다. 자유를 포기하면 복종이 익숙해진다. 복종이 익숙해지면 복종을 강요하는 것들에 대한 허상의 이미지가 생기고, 그마저 진실인 양 받아들이게 된다. 삶을 제약하는 권력은 앞으로도 존재하고, 앞으로도 우리를 제약할 것이다. 그러니 복종하기 전에생각해야 한다. 의심을 품고 질문해야 한다. 그리고 한 걸음을 걷는 것이다. 열 걸음은 무리인지 모른다. 그러나 한 걸음은 얼마든지 가능하다. 우리가 도덕적 자부심을 가진 자유인이라면 그 걸음으로 자기 존엄을 증명해야 한다.

## 탁월한 문제 해결자의 방식

경영학자는 세라스베시(Saras. D. Serasvathy)는 기업가정신을 발휘하는 리더들을 연구하면서 이들이 남과 달리 '유효적 추론(effectual reasoning)'이라는 사고방식을 사용하고 있다는 것을 밝혔다. 이는 전통적인 사고방식인 '논리적 추론((causal reasoning)'과 대별된다. 논리적 추론을 하는 사람들은 사전에 설정한 목적을 달성하기 위해 필요한 자원과 수단을 모아 행동 계획을 수립한다. 그리고 계획한 바대로 수행하는 것이 목적달성의 최선의 방법이라고 믿는다. 물론 그들이 창의적인 대안을 허용하지 않는 것은 아니지만, 그것은 원래 이 프로세스에 내재되어 있었던 것은 아니다.

반면 탁월한 문제 해결자들은 논리적 추론을 무시하지 않으면서 유효적 추론을 선호한다. 이들은 정해진 목적이 있었지만 행동을 통해 얻은 정보를 피드백 삼아 새로운 목적지를 발견하고 새로운 자원을 끌어모은다. 생각하느라 행동을 미루지 않는다. '무엇을 어떻게 해야 하는가'라고 묻기보다 '지금 무엇을 하는 것이 최선인가'라고 질문한다. 창의력과 상상력을 오히려 실행의 본질적 과정으로 여긴다. 예를 들어 두 명의 요리사가 있다고 해보자. 한 요리사는 정해진 레시피에 따라 식재료를 구입하여 최적의 방식으로 요리를 한다. 그러나 다른 요리사는 주방에 가서 그가 발견한 모든 것을 가지고, 할 수 있는 모든 것을 상상한 뒤, 전적으로 이전에 없던 다른 요리를 창안한다.

연구결과를 정리하면 이렇다. 평범한 문제 해결자들은 대체로 논리적 추론을 선호했지만 탁월한 문제 해결자들은 유효적 추론을 선호했다. 평범한 문제 해결자들은 계획을 세우는데 시간을 쓰고, 탁월한 문제 해결자들은 행동하는데 더 많은 시간을 사용했다. 평범한 문제 해결자들은 기대수익을 염두에 두었지만, 탁월한 문제 해결자들은 잃을 게 없다고 생각했다. 평범한 문제 해결자들은 탑 다운(Top-down) 방식으로 일을 처리하고, 탁월한 문제 해결자들은 바텀 업(bottom-up)방식으로 일을 완성했다. 평범한 문제 해결자들은 경쟁자를 분석하지만, 탁월한 문제 해결자들은 경쟁자를 고려하지 않고 파트너십을 구축해 파이를 키웠다.

탁월한 문제 해결자들은 눈에 보이는 모든 기회를 활용한다. 이들은 룰에 따라 행동하는 것이 아니라 선택하고 행동함으로써 룰을 만든다. 해커나 예술가들처럼 살아간다. 이것이 인류진화의 방식이었다. 그렇다면 해답은 분명해 보인다. 어떻게 진정성 있는 삶을 살 것인가의 문제는 논리적 추론이 아니라 유효적 추론을 필요로 한다. 주어진 조건과 자원을 탓하며 망설이기 전에 주어진 조건과 자원으로부터 어떤 행동을 시작해야 하는지를 고민하는 것이다. 목적에 대한 강력한 믿음이 있다면 행동은 망설일 이유는 없다. 물론 어떤 때는 더 기다려야 할지 모른다. 그리고 가다가 길을 잃을 지도 모른다. 그러나 그것은 단지 배움과 진화의 과정일 뿐이다. 행동을 찾아 시작하면 활동의 범위가 넓어지고 상상하지 못한 것들을 성취할 수 있다.

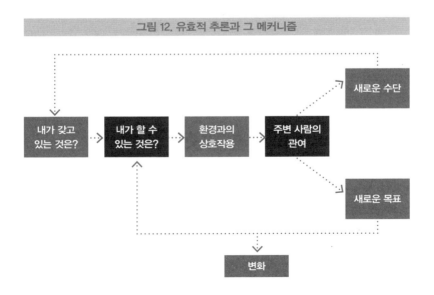

그림 12. 유효적 추론과 그 메커니즘

# 조용한 혁명

MIT 대학의 교수였던 기상학자 에드워드 로렌츠(Edward Lorenz)가 말하는 '나비효과(butterfly effect)'는 초기값의 중요성을 설명한다. 그는 연구 도중 최초의 미세한 차이는 결과에 그다지 큰 영향이 없을 것이라고 생각하고, 컴퓨터 데이터 값에 소수점 이하를 입력하지 않았다. 하지만 그 결과는 전혀 달랐다. 최초의 작은 행동이 예측하는 범위를 벗어나 어마어마한 차이를 만들어 냈다.

작은 행동은 다른 사람의 삶에 지대한 영향을 주고 우리가 의식하지 못하는 사이 서로를 변화시킬 수 있다. '3단계 영향의 법칙'이라는 것이 있다. 우리의 사소한 행동과 삶의 양식들은 알게 모르게 친구(1단계), 친구의 친구(2단계), 친구의 친구의 친구(3단계)까지 사회적 전염을 일으킨다는 것이다. 우리는 쉼 없이 서로를 모방하고 있을 뿐 아니라 강력한 영향을 주고받고 있다. 여기에는 태도, 감정, 행동, 정치적 견해, 심지어 체중 증가와 행복 등 거의 모든 삶의 양식이 망라된다.[87]

진정성 있는 삶을 살고자 결심이 섰다면 할 수 있는 작은 행동을 찾아야 한다. 나비효과처럼, 그리고 3단계 영향의 법칙처럼 우리의 행동은 우리 자신은 물론 우리와 관계된 모든 사람을 향해 파문을 일으킬 것이다. 물론 그 결과는 처음의 의도와 달라질지 모른다. 그렇다고 최상의 답을 찾느라 결행을 늦추는 것은 현명하지 않다. 행동하지 않고 변화가 있을 리는 만무할 테니까.

"옳다고 생각하는 일이 조직의 저항을 만날 때 어떻게 하겠습니까?"

세미나에 참가한 사람들은 조직의 중간관리자들이었다. 그들은 나의 이 물음에 침묵했다.

"그럼 누군가가 이런 상황에서 당신에게 도움을 구한다면 어떻게 하겠습니까?"

재차 물었지만 역시 침묵했다. 그리고 잠시 후 이렇게 묻는 나를 배려했던 것일까? 몇 사람이 계면쩍게 대답했다.

"그러지 말라고 말려야죠."

다른 사람이 거들었다.

"말리진 않겠지만 솔직히 동조하긴 어렵습니다."

차라리 솔직하다고 해야 하는 걸까? 대기업에서 10년, 20년을 훈련받으며 성장한 리더들의 답치고는 안일하고 무력하다. 아마도 그 자리에서는 말할 수 없는 다른 이유나 번뇌가 있었을 것이다. 하지만 누가 대체 이들을 이렇게 만들었을까? 그동안 우리 사회는 시대를 뚫고 나갈 리더가 아니라 효율적인 매니저를, 기업가 정신이 아니라 보편적인 순종을 가르쳐왔다. '왜?'라고 묻는 일을 금해 왔다. 조직의 가치, 비전, 미션에 도전하는 것을 허락하지 않았다. 진실은 숨겨지고 정의와 도덕은 뒷전으로 물러났으며 창의와 혁신은 구호로 전락했다.


낙담하지 않고 현실의 벽을 슬기롭게 돌파하는 의연한 용기는 어떻게 발현되어야 할까? 자신의 의지를 관철하기 위해 목소리를 높이고 요란을 떤다고 해서 가능한 것은 아닐 것이다. 현실이 크고 막대하며 이길 수 없다는 생각이 들수록 우리에겐 더 지혜로운 행동이 필요하다.

이런 사람들은 다음과 같은 행동을 통해 세상에 중대한 변화를 불러일으켰다. 하지만 그 방식은 뜻밖에도 매우 온건했다.[88] 이런 사람들은 혁명적 수준의 담대한 목적을 가슴에 품고 있지만, 이를 구현하기 위해 현실의 조건을 무시하지 않았다. 문제에 대해 직접적으로 분노를 표출하지 않으면서도 그것이 곪아 터지는 것을 그저 지켜보고만 있지만은 않았다. 잘못된 관행들이 야기하는 문제를 들추고 주변 사람들을 깨우쳤다. 이들은 공동체에 대해 헌신을 바탕으로 가장 밑바닥에서 변화를 불러일으켰다. 결코 급진적 방식이 아니다. 작지만 의미 있는 행동을 통해 기존 규범에 지속적으로 대항해갔다. 다른 사람들이 학습할 수 있는 본보기를 제공했다. 마치 물방울이 바위를 뚫는 것처럼 점진적으로, 그러나 종국에는 커다란 변화를 만들었다. 이들의 생각과 행동은 범상치 않으며 신념에 차있다. 이들을 '조용한 혁명가'라 부를 만하다.

## 행동전략

조용한 혁명가들은 분노하거나 서두르지 않는다. 대신 직면한 현실을 도전과 개혁의 대상으로 삼고, 문제에 맞서 조용히 그러나 창조적으로 대안을 찾는다. 어떻게 해야 할까? 먼저 자신의 신념과 의사를 묻어두지 않아야 한다. 옳다고 생각하는 바를 드러내고 사람들이 가지고 있는 통념에 도전해야 한다.

한 회사의 구성원은 비정규직 직원에 대해 정규직 직원들의 차별적 행동이 있음을 발견했다. 그리고 이를 방치하고 있는 상사들이나 인사부서의 행동도 무책임하다는 생각이 들었다. 이를 문제 제기하여 공론화할 경우, 암묵적으로 이런 관행에 공모하고 있는 마당에 자신의 이야기가 전달될 리가 없다고 판단했다. 대신 그는 먼저 자신과 접촉하는 비정규직 직원들에게 다가가 아침마다 '하이파이브' 인사를 하자고 제안하고, 기회가 될 때마다 그들의 이야기를 경청하는 일을 시작했다. 단지 그뿐이었다. 처음에 정규직의 직원들이 이상한 눈길과 핀잔을 주었지만 그는 이 행동을 멈추지 않았다. 그러자 비정규직 직원들의 태도가 서서히 긍정적으로 변해갔다. 일방적으로 거리감을 두던 사람들이 먼저 다가가 정규직 사람들의 일을 도와주기 시작했다. 이 행동은 점차 다른 모든 사람들에게 영향을 미쳤다. 정규직과 비정규직 직원들 사이에 있었던 심리적 벽이 점차 사라졌다. 비정규직 직원들의 행동이 변하자 회사의 태도도 변했다. 인사부서는 비정규직원들의 팀웍과 생산성이 높아지자 이들의 고충을 적극적으로 듣기 시작했고, 차별적 요소가 있었던 관행들을 하나씩 제거하는 제도를 만들어 갔다. 그는 나팔을 불지 않고 자신의 신념을 조용히 행동으로 옮겼다.

두 번째 조용한 혁명을 위해서는 '공감과 설득'이 필요하다. 설득은 상황을 개선하고자 자신의 의사를 표현하여 다른 사람들의 공감을 얻는 것이다. 부조리한 관행을 발견했다면 논쟁을 두려워하지 않고 그들과 대화하고 토론해야 한다. 그러려면 변화하고자 하는 행동에 대해 이론적으로 무장되어 있어야 한다. 그런 대화와 토론은 서로의 공감영역을 확장하며 상대의 동의를 구할 수 있다. 변화의 명분과 논리가 타당할수록, 명백한 증거와 데이터가 있을수록 공감과 설득은 강력해진다.

세 번째, '작은 성공 경험'을 만드는 것이다. 단기적으로는 우연적인 기회를 활용할 수 있도록 준비하는 것이고, 장기적으로는 상황을 개선하는 구체적 결과물을 만드는 것이다. 작지만 의미 있는 성공은 주창하는 일련의 것들을 정당화한다. 사람들은 더 이상 조용한 혁명가의 행동을 부정할 수 없다. 오히려 이들의 성취에 관심을 보이고 동조할 가능성이 크다. 탁월한 역량을 바탕으로 가시적인 성취를 할 때 조용한 혁명가들은 다른 사람들의 벤치마크가 되고, 극적 전환을 촉진한다.

네 번째는 '연대'를 구축한다. 뜻이 같은 사람들과 함께 연대하여 보다 광범위한 변화를 시도한다. 성공체험은 지지자를 결집시키고 저항자를 물리친다. 힘이 결집되면 변화는 더욱 조직화될 수 있고, 저항을 이겨내는 힘도 강력해진다. 연대가 50%를 넘는다면 힘의 균형을 무너뜨린다.

조용한 혁명은 목적에 대한 건강한 의심, 그리고 그에 대한 천착이

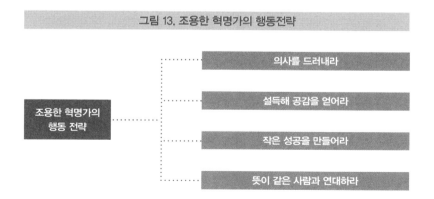

그림 13. 조용한 혁명가의 행동전략

조용한 혁명가의
행동 전략

의사를 드러내라

설득해 공감을 얻어라

작은 성공을 만들어라

뜻이 같은 사람과 연대하라

있었기에 가능하다. 목적에 대한 신앙 수준의 신념은 현실을 뚫는 지혜
로운 대안을 모색하게 한다. 그것이 반드시 이루어야 할 포기할 수 없
는 사명이기 때문이다. 개인적 야심이라면 지속할 수 없었을 힘과 용
기, 끈기, 낙관을 제공한다. 타락한 비전, 보수적이고 폭압적인 문화 속
에서 어쩔 수 없는 것이라고 한탄하며 스스로 무력감에 빠진 구성원들
에게 조용한 혁명가들의 행동양식은 조직 내 참된 실존이 무엇인가를
준엄히 묻는다. 목구멍이 포도청이며 처자식의 문제이며, 자신의 낮은
직급과 한정된 자원이 문제라는 변명은 온당할 수 없다.

진정성을 추구한 사람들은 그릇된 집단 규범과 논리에 대해 비판적 의구심을 품는
다. 때로 갈등을 일으키는 불편한 사람들이기도 하고 이단아로 비추어지기도 한다.
하지만 그들은 결코 요란한 북소리를 울리지 않는다. 대신 현실에 두 다리를 박고 실
제적이고도 집요한 방식으로 변화를 멈추지 않는다. 한 걸음 한 걸음 결코 멈추지 않
는 걸음으로 자신의 공동체를 변혁한다. 주어진 조건을 한탄하고, 병약한 마음으로
고작 개인의 안녕과 평화만을 꿈꾸는 소시민 같은 삶에 맹자가 말한다. 쭉정이, 겁쟁
이처럼 살지 말라고. 천하를 구할 꿈을 꾸고 홀로라도 그 의로움을 지키라고.

천하의 광거(넓은 집)에 거하고, 천하에 정위(바른 자리)에 입하며, 천하의 대도를
행하노라. 뜻을 얻으면 백성들과 더불어 도를 실천하고, 뜻을 얻지 못하면 홀로라
도 정도를 실천하노라. 부귀가 그를 타락시킬 수 없고, 빈천이 그를 비굴하게 만
들지 못하며, 위무(무력)가 그를 굴복시키지 못하노라. 이런 사람들을 일컬어 비
로소 대장부라 하는 것이다.[89]

## 진정성을 위한 생각훈련

1  인과적 추론과 유효적 추론을 비교할 때 당신은 어느 것에 더 익숙한가? 왜 그
   런가? 우리 조직은 어느 것에 더 익숙한가? 복잡성이 증가하면서 통제해야 하
   는 변수가 많아지는 요즈음 유효적 추론을 현실화하려면 조직 내 어떤 조건,
   상황이 필요한가?

_____

2  변화하고자 하지만 조직의 저항이 클 때, 더군다나 당신에게 동조하는 사람이
   없고, 자원도 턱없이 부족할 때 어떻게 할 것인가? 그런 고민 속에 빠진 사람들
   이 있다면 그를 어떻게 도울 것인가?

_____

3  다음은 미국의 역사학자 하워드 진의 말이다. 이 말을 음미해 보고 한 개인이
   거대한 조직을 변화시키기 위해 무엇을 해야 하는지 생각해 보자. 그의 제안은
   현실 가능한가? 무엇을 어떻게 시작할 수 있는가?

   혁명적 변화는 한차례의 격변의 순간으로서가 아니라 끝없는 놀람의 연속, 보다 좋은 사회를 향한 지
   그재그 꼴의 움직임으로 온다. 변화의 과정에 참여하기 위해 거대한 영웅적 행동에 착수할 필요는 없
   다. 작은 행동이라도 수백만의 사람들이 반복한다면 세계를 변화시킬 수 있다.[90]

_____

4  현재 당면하고 있는 변화 과제를 떠올려보라. 이를 조용한 혁명가들의 네 가지
   행동전략에 빗대어 구체적인 계획을 세워보라.

_____

# 진정성 있는 삶을 향하여

인류 역사는 오랜 시간 '진정성 있는 삶'에 대해 두 가지 서로 다른 입장을 견지해 왔다. 하나는 '온전한 네 자신이 되라'는 자기표현(self-expression)의 삶이고, 다른 하나는 '너 자신을 초월하라'는 자기상실(self-loss)'의 삶이다.[91] 자기표현은 자기 고유성을 마음껏 표현하라는 것이며, 자기상실은 자신의 욕망을 넘어 더 큰 이상과 대의에 헌신하라는 주문이다.

'자기표현'의 삶은 자신의 고유한 감정, 욕구, 욕망, 능력, 적성, 기질, 창의성을 찾아내고 이를 온전히 발현하는 삶이다. 자신의 온전함을 제약해 왔던 모든 규범들에서 벗어나 있는 그대로의 자신을 표출하는 것이다. 한 개인의 개성이 사회적 요구와 압력에 의해 억압되어 있다면 진정한 행복이 있을 리 없고 자아의 이상이 구현될 리 없다. 기존의 도덕, 질서에 얽매이지 말고 마음의 심연에 다가가 숨겨진 잠재력을 만개시켜야 한다. 이런 입장은 '누구나 발현해야 할 고유한 재능이 있으나, 그것이 현재 다른 무엇인가에 의해 억눌려 있다'는 가정에서 출발한다. 자기계발의 전문가 앤서니 라빈스(Anthony Robbins)는 이렇게 말한다. "나는 안다. 우리의 꿈을 현실로 만드는 데 필요한 자원은 우리 내부에 있으며 그것은 우리가 깨워서 탄생시킬 그날만을 기다리고 있다는 것을."[92]

'네 꿈을 펼쳐라', '네가 진정 하고 싶은 일을 해라', '너 자신을 사랑해라' 라는 등의 주문은 이런 입장을 대변한다. 그러나 자기표현이 자기 과신과 성공을 위한 투쟁으로 확대된다면 자기중심주의, 독단적 이기주의, 무제한의 자유주의로까지 확대될 수 있다. 우리 시대의 비극은 자기표현의 삶이 사회적 정당성을 얻으면서 아무렇지도 않게 타인을 자기표현의 수단으로 삼았다는 데 있다. 자기표현이 타인과 대립하거나 타인의 이해마저 침해하는 이기적 형태를 띠고 있다면, 우리가 왜 타인들과 깊이 연루된 삶을 살아야 하는가에 대해 의미 있는 반박을 제공할 수 없다.

진정성 있는 삶과 관련한 또 다른 입장은 '자기 상실'이다. 자기상실의 삶은 자신의 욕망과 욕구를 넘어서서 자신을 더 크고 위대한 것과 연루시켜 사회적, 도덕적 의무를 감당하는 것을 말한다. 개인은 사회구조와 역사 안에 깊이 내재되어 있다. 남과 더불어 살아가지 않으면 안 된다. 우리는 타인들과 함께 타인들을 통해서 변화하고 발전한다. 마이클 센델은 자신의 책 〈정의란 무엇인가〉에서 매킨타이어의 〈덕의 상실〉의 일부를 다음과 같이 인용한다.

우리는 누구나 특정한 사회적 정체성을 지닌 사람으로서 자신을 둘러싼 환경을 이해한다. 나는 누군가의 아들이거나 딸, 또는 사촌이거나 삼촌이다. 나는 이 도시나 저 도시의 시민이며, 이 조합 아니면 저 조합의 회원이다. 나는 이 친족, 저 부족, 이 나라에 속한다. 따라서 내게 이로운 것은 그러한 역할과 관련한 사람들에게도 이로워야 한다. 이것은 나처럼 내 가족, 내 도시, 내 부족, 내 나라의 과거에서 다양한 빚, 유산, 적절한 기대와 의무를 물려받는다. 이는 내 삶에서 기정사실이며, 도덕의 출발점이다. 또한 내 삶에 도덕적 특수성을 부여하는 것이기도 하다.[93]

이런 입장에는 타자, 세상과의 연대감, 일체감이 곧 진정성의 이상이라는 믿음을 반영한다. 삶의 가장 고귀한 목적은 자신보다 더 큰 것의 부름에 응답함으로써 타인과 세상을 위해 헌신하는 것이다. 신의 요청일 수도 있고, 사회적, 역사적 책무이거나 우주의 질서, 혹은 존재의 성찰에서 오는 철학적 요구일 수도 있다. 이런 삶은 끊임없이 '나'라고 하는 에고(ego)의 속박에서 벗어나 자신을 더 가치 있고 위대한 것의 일부로 귀속시켜야 참된 행복이 있다고 말한다.

자기표현이 개성의 발현과 성취를 강조한다면, 자기상실은 대의의 구현을 강조한다. 전자는 자기 몰두와 자기 탐닉에 빠져 사회적 책임을 방기한다는 비판을 받을 수 있고, 후자는 개인적 삶을 폐기함으로써 무책임하거나 무능하다는 비판받을 수 있다. 나는 자아의 이상인 진정성의 구현은 자신의 욕망과 개성을 포기하는 일이 결코 아니며, 또한 온전히 자신을 희생하는 일도 아니라고 생각한다. 다만 오늘날 '자기표현'이 공동체에 대한 관심과 헌신의 토대로 연결되지 않으면서 세상과의 대립을 불사하고 삶을 고립시켰다는 데에 그 성찰의 지점이 있다고 생각한다.

조직의 리더들과 세미나를 하다 보면 리더들에게 자주 받는 질문 중의 하나는 이것이다.

"리더라고 해서 굳이 희생을 해야 하나요?"

'희생하는 일'을 심정적으로 리더의 과제라고 받아들일 수 없다는 투정이다. 자신이 리더의 역할을 왜 어떻게 맡게 되었는지에 대해 성찰할 만큼의 의식이 없이 리더가 되었기 때문이다. 승진과 부와 권력을 리더라고 이해한 까닭이다. 9·11일 테러로 세계무역센터 빌딩이 무너져 내릴 당시 모건스탠리의 보안 책임자였던 릭 리스콜라(Rick Rescorla)는 직접 확성기를 붙잡고 통솔하여 신속한 탈출을 유도해 직원 모두를 거의 구조했지만 결국 자신은 빠져나오지 못하고 죽었다.

오늘날 자기표현만을 진짜 인생이라고 강변하는 세태는 인생과 존재의 본질을 가려놓고 우리를 엉뚱한 곳으로 데려가려 한다. 희생적 삶이 고귀하긴 하지만 우리는 누구도 희생을 강요할 수는 없다. 다만 우리의 존재가 태생적으로 세상과 연결되어 있다면, 이미 우리의 존재 자체에 삶에 대한 책임과 의무가 자리하고 있다. 매킨타이어가 정의란 사회적, 역사적 책임을 감당하는 일이라고 한 것처럼, 우리의 이상은 우리가 살아가는 사회, 역사의 꿈과 맥을 같이해야 한다. 철학자 수

전울프(Susan Wolf)는 의미 있고 충만한 삶이란 '주관적 이끌림(subjective attraction)이 객관적 매력(abjective attractiveness)'를 만나는 것이라고 표현했다.[94] 자아의 이상은 자기표현이 자신을 초월한 더 크고 위대한 것과 맞닿아 있을 때 비로소 구현된다. 그러므로 자기표현은 자기상실의 토대 위에서 창조적으로 발현되어야 한다. 어떤 사람들은 여전히 자신이 왜 그렇게 해야 하냐고 반문할지 모른다. 그러나 이는 손익계산의 문제가 아니라 인간이라는 존재의 성격을 제대로 이해하고 있느냐의 문제일 뿐이다.

## 시작을 위하여

---

불확실성이 만드는 불안의 양상은 우리 삶 곳곳에 뿌리내려 있다. 세상의 온갖 통념과 궤변을 만들고, 강박과 중독, 방어와 도피를 유발한다. 무엇보다 불안을 없애려는 발버둥은 권위와 다수의 믿음에 복종한다. 온통 남의 것으로 자신을 덧씌운 채 다른 누군가를 열망하는 가짜 인생을 산다.

그런데도 '순종하라', '가만히 있으라', '별일 없을 것이다'라고 타이른다. 우리는 이런 교리를 따라 평범함으로 회귀하고 타인이 만든 대본을 따라 산다. 그 이유는 기회주의자가 성공하고 돈을 가진 자가 승자가 되는 세상을 목격했기 때문이다. 그런 사회는 이런 믿음과 태도를 우리의 의식 안에서 당분간 몰아내지 못할 것이다. 허무주의, 상대주의, 쾌락주의, 기회주의가 더 일반화된 세상에서 자아는 견고함, 연속성을 가질 수 없고, 길을 잃으며, 사사로운 욕망에 사로잡힌다. 문제의 심각성은 설령 그런 자신을 목격했다 하더라도 우리는 이미 달리 어떤 저항도 할 수 없는, 이 불행의 암묵적 공모자라는 사실에 있다. 어떻게 마음을 곧추세우고 이 같은 불행을 돌파할 수 있을까?

　나는 조직의 리더들과 리더십 훈련을 하면서 그 가능성을 확인했다. 사람들과 함께 이 불안과 불안의 원인을 이야기해 보는 동안, 사람들은 자신의 불안을 들여다보며 자신을 괴롭히고 있었던 불안을 드러냈다. 대부분 삶의 심지가 사라진 자리에 세상의 온갖 잡음이 자신 안으로 쳐들어와 일대 혼란을 일으킨 것임을 인정했다.

　"정신없이 바쁘게 살아간다는 것이 영혼을 도난당한 것임을 알았습니다. 매번 가족들 때문에 어쩔 수 없다고 변명했지만, 그것은 거짓말이었습니다. 저는 저 자신의 삶을 제대로 바라본 적이 없었습니다. 좀 모자라도 제 인생을 다른 사람에게 떠맡겨 놓지 않겠습니다."

　우리는 누구도 자기 삶을 거짓으로 만들고 싶지 않다. 무엇보다 우리 내부 깊은 곳에 최후의 순간, 진실한 사람으로 남고자 하는 간절한 열망이 있다. 그것이 자아의 이상, 진정성에 대한 열망이다. 목적을 찾고 헌신을 약속하는 것은 이 자아의 이상을 실현하기 위한 것이다. 앞으로도 무의미함은 우리 앞에서 완전히 사라지지는 않을 것이다. 그러나 나는 이것이 결코 헛된 노력이라고 생각하지 않는다. 오히려 이 자아의 이상을 포기하는 삶이야말로 변명의 여지가 없는 치욕이며 자기 배반이기 때문이다. 함께 살아가는 사람들을 공생자로 끌어안고 목적을 찾아 오두막을 나서 모험을 시작하는 것은 생의 의무이자 책임이다. 그리고 그런 개인의 존재가 마침내 특정 집단, 그리고 사회의 진정성을 만들어 내는 희망의 불씨가 된다. 그 시작을 내가 아닌 다른 사람에게 해야 할 이유는 전혀 없다.

## 진짜가 되는 연습

1 위선, 거짓, 용기 없음을 인정하라. 자신이 얼마나 허구적이며, 위선적인 사람인 가를 고백하라. 합리화한다면 거짓을 유지하지만, 인정한다면 진실을 만난다.

2 사회적 기대와 요구, 외재적 보상으로부터 자신을 독립시켜라. 이것들이 불안과 강박의 원인임을 기억하라. 이를 뿌리치지 못한다면 거짓 삶의 포로가 된다.

3 과거의 망령으로부터 벗어나라. 자신의 슬픔, 고통, 상처를 측은한 마음으로 보듬어라. 과거를 새롭게 해석함으로써 과거와 화해할 때 온전한 자신을 만날 수 있다.

4 사사로운 이기심에서 벗어나 이타적인 태도를 취하라. 나는 근본적으로 타인과 깊이 연루된 관계망의 일부라는 사실을 기억하라. 타인과 함께 타인을 통해 타인을 위한 삶이 불안과 공허를 물리치고 존재의 의미, 자기다움을 만들어 낸다.

5 고정된 자아관을 버리고 역동하는 자아관을 채택하라. 자아는 우리 안에 깊숙하게 내재한 고정불변의 실체가 아니라 항상 변화하고 진화하며 창조되어가는 구성물임을 기억하라. 자신이 계속해서 진화하고 성숙해갈 수 있는 여정을 적극 기획하라.

6 죽음이 알려주는 삶의 실존을 수용하라. 유한자로서 가장 소중하다고 생각하는 것들이 무엇인지 확인하라. 그에 따라 행동할 때 오늘을 가장 진실한 순간으로 만들 수 있다.

7 비전이 아니라 목적을 생각하라. 목적 없는 비전은 천박한 꿈이며 야욕임을 기억하라. 존재 이유를 설명하는 목적이 우리를 신성하고 거룩한 것의 일부가 되게 하고, 삶의 진실을 전달한다.

8 자발적 고난을 설계하라. 자신의 이상, 가치, 목적에 다가가기 위한 도전과제를 설정하고 기꺼이 안전지대를 벗어나라. 대신 거기에서 삶의 교훈을 얻어라. 삶의 근육이 단단해지고 믿음이 신념으로 진화한다.

9 열려진 마음으로 항상 겸허히 배우라. 모든 사건과 경험, 모든 사람으로부터 배우기를 멈추지 마라. 자아가 도그마에 빠지지 않고 계속해서 성장한다.

10 삶의 목적이 가시적인 결과로 나타나기까지 헌신을 멈추지 마라. 헌신을 멈추게 하는 유혹을 이겨내라. 임계점에 도달하지 못한다면 어떤 노력도 물거품이 된다. 그리고 이 모두를 위한 첫 번째 행동을 찾고 이를 당장 시작하라. 행동하지 않으면 불신, 공허함, 무력감이 커진다는 것을 기억하라. 행동할 때만 확신이 커지고 새로운 자원과 동지가 늘어난다.

# Endnotes

1   셰익스피어. (최종철 옮김. 1998). 햄릿. 민음사. p35. 폴로니어스가 자신의 아들 레어티스가 프랑
    스로 떠날 때 아비로서 그에게 남겨준 말이다.

2   임마누엘 카레르. (윤정임 옮김. 2005). 적. 열린책들.

3   어빙 고프만. (진수미 옮김. 2016). 자아 연출의 사회학. 현암사

4   찰스 테일러. (송영배 옮김. 2001). 불안한 현대사회 이학사.

5   윗글. p26.

6   사회적 자본(social capital) 이라는 말은 사람들 간의 네트워크가 자산의 기능을 하고 있다는 의미
    로 사용된다. 즉 사람들 간의 신뢰, 규범 등을 경제적 가치로 환원한 용어다.

7   2014. 1월 1일 '한국의 사회 동향 2013'에 따르면 낯선 사람이 자신을 이용하거나 해치지 않고 선의
    로 대할 것이라고 얼마나 예상하는지에 대한 대인 신뢰도 조사에서 긍정적으로 대답한 한국인의 비율
    은 2010년 기준 22.3%에 그쳤다. 대인 신뢰도는 '당신은 일반적으로 사람들을 신뢰할 수 있다고 생각하
    는가, 아니면 조심해야 한다고 생각하는가'라는 질문에 '대체로 신뢰할 수 있다' 또는 '항상 신뢰할 수 있
    다'라고 응답한 사람의 비율이다. 한국의 대인 신뢰도 22.3%는 OECD 22개국 중 14위다. 22개 국가 평
    균 32.0%보다 낮다. 대인 신뢰도 1위인 노르웨이는 60%를, 그 뒤를 이은 덴마크, 스웨덴은 50%를 넘겼
    다.

8   리처드 세넷. (조용 역. 2002). 신자유주의와 인간성 파괴. 문예출판사.

9   한병철. (김태환 옮김. 2012). 피로사회. 문학과 지성사

10  http://www.career.co.kr/help/media_data_view.asp?rid=2661

11  http://article.joins.com/news/article/article.asp?total_id=4391292

12  생펙쥐 베리.(안응렬 옮김, 1978). 야간비행. 동서문화사. p211.

13  한나 아렌트. (김선욱 옮김, 2006). 예루살렘의 아이히만. 한길사.

14  장보드리야르. (이상률 옮김.1992). 소비의 사회. 문예출판사.

15  경제학자 클라이브 해밀턴(Clive Hamilton)은 한 사회가 경제성장에 과도하게 집착하여, 경제성
    장이 모든 문제를 해결할 것이라는 망상을 갖게 되었다고 지적한다. 이런 믿음은 이데올로기로 둔갑해
    서 경제, 정치, 사회, 문화, 그리고 개인의 심리에 이르기까지 사회 전체를 조직하는 시스템으로 진화했
    다고 주장한다. 클라이브 해밀턴(김홍식 역, 2011). 성장숭배( Growth fetish). 바우출판사. 참조.
    마찬가지로 경제학자 프랭크 로버트(Frank, Robert)와 필립 쿡(Philip cook)은 무한경쟁을 조장
    하고 오로지 승리한 1등에게만 엄청난 보상을 주는 승자독식사회9he winner take all society)의 원
    인과 문제를 분석한 바 있다. 프랭크 로버트와 필립쿡(권영경 역, 2008). 권영경 역. 승자독식사회.
    웅진지식하우스. 참조.

16  지그문트바우만. (정일준 옮김. 2008). 쓰레기가 되는 삶들- 모더니티와 그 추방자들. 새물결

17  Kestner, Dasher; Greenfeld, Deborah H.; Anderson, Cameron. (2003). Power, approach,
    and inhibition. Psychological Review, Vol 110(2), 265-284.

18  외적 가치와 믿음들이 비판적 성찰 없이 주입된 경우를 게쉬탈트 심리학에서는 '내사
    (introjection)'되었다고 말한다. 내사란 마치 음식물을 소화과정 없이 그대로 삼켜버리는 것처럼 외

부가치가 자신의 자아체계 안에 비판없이 수용되는 것을 말한다. 외부 가치가 얼마나 정당하고 타당하며 보편적인가에 대한 문제의식 없이 맹목적으로 여기에 복종하고 있다면 내사가 일어난 것이다. 내사는 개인의 자율적 판단과 행동을 위협한다. 자율적인 행위가 되려면 개인의 욕구가 외부의 것과 통합되어야 하는데, 이런 과정이 없이 내사된 것들은 '자기 것'을 구축하기도 전에 의식 안으로 들어와 우리의 고유성을 침해한다. 이때 우리는 온전한 '내'가 아니라 타인과 외부 세계가 규정한 '내'가 된다.

19 칙센트미하이. (김우열 옮김, 2009). 자기진화를 위한 몰입의 재발견. 한국경제신문

20 에드워드 데시, 리처드 플래스트. (이상원 옮김, 2011). 무엇이 당신을 움직이는가. 마음의 작동법. (이상원 역) 에코의 서재.

21 미셸 푸코. (오생근 옮김, 2011). 감시와 처벌: 감옥의 역사(2판).나남

22 찰스 귀논. (강혜원 옮김, 2004). 진정성에 대하여(On being authentic). 동문선

23 리처드 세넷. (김병화 옮김, 2013). 투게더: 다른 사람들과 함께 살아가기. 현암사.

24 리처드 도킨스. (홍영남, 이상임 옮김, 2006). 이기적 유전자. 을유문화사

25 로맹가리. (용경식 옮김, 2003). 자기 앞의 생. 문학동네. p.149

26 강영안(2005). 레비나스의 철학, 타인의 얼굴. 문학과 지성사.

27 지그문트 프로이트. (김석희 옮김, 2004). 문명 속의 불만. 열린책들. p.329

28 서머셋 모음. (송무 옮김, 2000). 달과 6펜스. 민음사

29 지그문트바우만. (홍지수 옮김, 2013). 방황하는 개인들의 사회. 봄아필. p.75.

30 로버트 퀸. (한주한, 박제영 옮김, 1998). Deep Change or Slow Death; 기업과 개인의 혁명적 생존전략 23가지. 늘봄.

31 Lionel Trilling.(1972). Sincerity and Authenticity. Harvard University Press.

32 Avolio, Gardner, & Bruce.(2005). Authentic leadership development: Getting to the root of positive forms of leadership. The Leadership Quarterly 16 (2005). 315 – 338. 자기인식 및 자기규제에 대한 보다 상세한 설명은 윤정구. (2015). 진성리더십: 새로운 리더십의 표준. 라온북스를 참조할 것

33 '구성적 발달이론(constructive developmental theory)'이라고 부르는 것이다. 여기에서 '구성적'이라는 말은 삶은 객관적인 현실이 아니라 각자가 인식하는 대로 구성되어 있다는 의미다. 우리는 똑같은 경험을 한다해서 그 경험을 인식하고 해석하는 방식이 서로 다르기 때문에 각자는 자신이 해석하고 구성한 세계 안에서 살아가게 된다. '발달'이라는 말은 장기간에 걸쳐 우리의 의식이 보다 고도화된 방식으로 성장해 가고 있다는 의미다. '성숙해간다'는 말은 세상을 인식하고 해석하는 방식에서 각자 주관적인 진화가 일어나고 있으며, 그것이 고유한 세계관, 인생관을 구축해가고 있다는 의미다. 장 피아제(Jean Piaget, 1896~1980), 로렌스 콜버그(Lawrence Kohlberg, 927~1987)), 로버트 키건(Robert Kegan, 1946~)과 같은 학자들이 대표적이다.

34 Kegan, R. (1980). Making meaning: The constructive-developmental approach to persons and practice. The Personnel and Guidance Journal, 58, p.373-380.

35 찰스 귀논. 위책. p.199.

36 톨스토이. (이강은 옮김, 2012). 이반일리치의 죽음. 창비. p.111.

37 엘리자베스 퀴블러 로스., 데이비드 케슬러. (류시화 옮김, 2010). 인생수업. 이레.

38  소걀 린포체. (오진탁 옮김, 1993). 삶과 죽음을 바라보는 티베트의 지혜. 민음사. p.40

39  이진경. (2012). 근대적 시공간의 탄생. 그린비.

40  박찬국. (2012). 현대철학의 거장들. 이학사

41  박찬국. (2013). 들길의 사상가. 하이데거. 그린비

42  미치 앨봄. (공경희 옮김, 2010). 모리와 함께한 화요일. p.111

43  앤드류 그로브. (유영수 옮김. 1998). 편집광만이 살아 남는다. 한국경제신문사.

44  마르쿠스 아우렐리우스. (천병희 옮김, 2011) 그리스로마 에세이: 고전 세계로 향하는 첫걸음. 숲.
    p54.

45  슈테판 클라인. (유영미 옮김,2006). 웅진지식하우스

46  롤로메이. (백상창 옮김. 2010). 자아를 잃어버린 현대인. 문예출판사

47  조셉 캠벨. (이윤기 옮김, 1999). 천의 얼굴을 가진 영웅. 민음사. p.316~317.  영웅의 이야기는
    다음과 같은 공통된 이야기 패턴을 보인다. 영웅은 원래 살던 오두막이나 성에서 떠난다. 그리고 꿈에
    빠지거나 납치당하거나 자진해서 모험의 문턱에 이른다. 여기서 영웅의 길을 안내할 그림자 같은 부정
    적 존재를 만난다. 영웅은 이를 퇴치하거나 이 권능을 지닌 존재와 화해하여 산 채로 힘의 왕국으로 들
    어가거나(골육상잔, 용과의 싸움) 적대자의 손에 죽음을 당한다(의절, 고난). 이 문턱을 넘어선 영
    웅은, 낯설면서도 이상하게 친숙한 힘에 이끌려 이 세계를 여행하는데, 경우에 따라 위협을 받기도 하
    고(시련), 초자연적인 도움을 받기도 한다(조력자). 신화적인 영역의 바닥에 다다르면, 영웅은 절대한
    시험을 당하고 그 시험을 이긴 보상을 받는다. 이 승리는 세계의 어머니인 여신과의 성적 결합(신성한
    결혼), 창조자인 아버지에 의한 인정(아버지와의 화해), 그 자신의 신격화, 혹은 전리품의 자로채기
    로 나타난다(신부 훔치기, 불 훔치기). 원래 이 승리는 자기의식의 확장이며 존재와의 합일이다(깨
    달음, 변모, 자유). 마지막 단계는 귀환이다. 영웅이 그 권능의 축복을 받을 경우 전리품은 영웅을 보
    호한다. 그렇지 못할 경우 영웅은 도망치고, 부정적인 세력의 추격을 받는다. 귀환의 관문에서 초월적인
    권능의 소유자 뒤에 남아야 한다.  영웅은 혼자서 그 무서운 왕국에서 귀환한다(귀환, 부활). 그가 가
    져온 전리품(홍익)은 세상을 구원한다(불사약)

48  위 책 p.50

49  조셉 캠벨. (이윤기 옮김, 2002). 신화의 힘. 이끌리오.p.245

50  위 책, p.233~234.

51  워렌베니스. (신현승 옮김, 2003) 시대와 리더십 Geeks and Geezers. 세종연구원.

52  호메로스. (이상훈 옮김, 2007). 일리아스 오딧세이아. 동서문화사. p.597

53  Patricia Cranton.(2006). Understanding and Promoting Transformative Learning: A Guide
    for Educators of Adults. Wiley.

54  필립맥그로. (장석훈 옮김, 2002) 자아: 내가 원하는 삶을 위한 자기혁신 플랜. 청림출판. p.57.

55  릴케. (1988). 젊은 시인에게 보내는 편지, 범우문고. p26.

56  줄리언 바지니. (강혜정 옮김, 2012). 에고트릭. 미래인. p.169

57  브롬부르너. (강형석, 김경수 옮김). 이야기 만들기. 교육과학사 p. 99

58  McAdams & McLean. (2013). Narrative Identity. Current Directions in Psychological
    Science. 22(3) 233 –238.

59  폴 리쾨르. (김한식, 이경래 옮김, 1999) 시간과 이야기-줄거리와 역사이야기. 문학과 지성사 p.167.

60  조너던 갓셜. (노승영 옮김, 2012). 스토리텔링 애니멀. 민음사

61  주디스허먼. (최현정 옮김, 2007). 트라우마-가정폭력에서 정치적 테러까지. 프래닛.p 92

62  브랜 브라운. (장세연 옮김, 2010). 불완전함의 선물. 청하.

63  필립 짐바르도와 존 보이드. (오정이 옮김, 2008). 타임패러독스. 미디어윌,

64  McAdams. (양유성, 이우금 옮김, 2015)이야기 심리학 :개인적 신화의 탐색과 재구성. 학지사

66  얀네텔러. (이효숙 옮김, 2000). 아무것도 아니야. 솔. p7.

67  아리스토텔레스. (천병희 옮김, 2013). 니코마코스 윤리학. 숲

68  앤드루 커노한. (한진영 옮김, 2011). 무신론자를 위한 인생안내서, 종교의 바깥에서 의미를 찾다. 필로소픽, p.72. 재인용.

69  소냐 류보머스키. (오혜경 옮김, 2007). How to be happy 하우 투 비 해피: 행복도 연습이 필요하다. 지식노마드

70  노컷뉴스. (2013. 5.14). 우울한 대한민국, 문제는 '돈'.

71  동아일보. (2019. 9. 24). 자살률 9.5%나 급증⋯ 다시 OECD 1위 '오명'

72  알베르 카뮈. (김화영 옮김, 2004). 시지프 신화.

73  빅토 프랭클. (이시형 옮김, 2012) 죽음의 수용소에서. 청아.

74  Heintzelman, S. J., & King, L. A. (2014). Life is pretty meaningful. American Psychologist, 69, 561-574.

75  Garton & Mankins.(2015). Engaging Your Employees Is Good, but Don't Stop There. Harvard Business Review. Dec. 09.

76  윤정구. 위책

77  찰스 핸디. (이종인 역) (2005). 코끼리와 벼룩 – 직장인들에게 어떤 미래가 있는가. 생각의 나무.

78  http://news.nate.com/view/20120514n22485

79  소냐 류보머스키. 위책

80  이와 관련한 상세한 내용은 다음의 책을 참조하라. 이창준. (2011). 진짜 공부는 서른에 시작된다. 생존을 넘어 성장을 부르는 내 인생 공부 혁명. 리더스북.

81  윌리엄 데이먼. (정창우 옮김, 2012). 무엇을 위해 살 것인가: 스탠포드대 인생특강 목적으로 가는 길. 한국경제신문사.

82  House & Howell. (1992). Personality and charismatic leadership. The Leadership Quarterly. Vol 3, pp. 81 – 108.

83  짐 콜린스, 제리포라스. (워튼 포럼 옮김, 2002). 성공하는 기업들의 8가지 습관. 김영사.

84  스캔디피오. (부회령 옮김, 2012)작은 용기, 세상을 바꾸다. 북 스코프. 위 책에서 발췌함.

85  테렌스 프레. (차미례 옮김,2010). 생존자. 서해문집. p.167.

86  정동호. (2014). 니체. 책세상

87  니컬러스 크리스태키스와 제임스 파울러. (이충호 옮김, 2010). 행복은 전염된다. 김영사

88  데브라 메이어슨(Debra Mayerson)은 15년간의 연구결과를 종합하여 어려운 난관에 직면

한 사람들이 어떻게 문제를 해결하는지를 관찰한 바 있다. 그녀는 이러한 사람들을 '조용한 혁명가 (tempered radical)'라고 불렀다. 예를 들어 웨스트 코스트 뱅크(West Coast Bank)의 흑인 임원이었던 피터 그랜트(Peter Grant)는 입사 당시 매우 소수의 흑인들만이 전문 스태프로 일하고 있는 것을 보고 인종차별이 있다는 것을 발견했다. 그는 원대한 목표를 설정했다. 보다 많은 여성과 인종적 소수자들이 회사 내에서 그들의 꿈을 실현할 수 있도록 돕는 것이었다. 그리하여 그는 채용업무를 전담하고, 여성과 인종적 소수자들을 채용하는 것이 왜 중요한지를 끊임없이 회사 내의 사람들에게 설파했다. 또 채용된 사람들이 사회적 편견에 의해 좌절당할 때마다 이들을 돕는 멘토로서의 역할을 수행했다. 만일 사람들이 직장을 떠나려고 하면 좀 더 신중히 생각할 수 있도록 용기를 불러일으켰다. 그 결과, 점차 많은 사람들이 직장에 남아 성공하게 되었고, 그가 은퇴할 때까지 은행은 3,500명 이상의 재능 있는 인종적 소수자와 여성들이 일하는 회사로 변해 있었다. 피터 그랜트는 가장 온건한 방식이지만 가장 효과적인 혁명자의 역할을 찾아냈던 것이다. Debra Meyerson. (2001). Radical Change, the Quiet Way. Harvard Business Review. 참조.

89  김용옥. (2012), 맹자, 사람의 길(하). 통나무. p.346.
90  하워드 진. (유강은 옮김, 2016). 달리는 기차 위에 중립은 없다. 이후. p.384
91  찰스 귀논. 위책
92  앤서리 로빈스. (이우성 옮김, 2002). 네 안에 잠든 거인을 깨워라. 씨앗을 뿌리는 사람들.
93  마이클센델. (이창신 옮김, 2010). 정의란 무엇인가). 김영사. (매킨타이어의 〈덕의 상실〉에서 재인용)p.311
94  수잔 울프. (박세연 옮김. 2014). LIFE 삶이란 무엇인가. 엘도라도.